Iaith y Nefoedd

Gyda diolch di-ben-draw i'r Ods.
Am y cysyniad gwreiddiol, a hefyd eu cyfeillgarwch.

Iaith y Nefoedd

LLWYD OWEN

yLolfa

Argraffiad cyntaf: 2019

Dymuna'r cyhoeddwyr gydnabod cymorth ariannol
Cyngor Llyfrau Cymru.

Llun y clawr: Tom Winfield

Rhif Llyfr Rhyngwladol: 978 1 78461 714 1

Cyhoeddwyd ac argraffwyd yng Nghymru
Y Lolfa Cyf., Talybont, Ceredigion SY24 5HE
gwefan www.ylolfa.com
e-bost ylolfa@ylolfa.com
ffôn 01970 832 304
ffacs 832 782

2026: Yn y Dechreuad

AGORODD EI LYGAID.

Estynnodd ei ffôn.

"Shit!" Hanner awr wedi un yn y prynhawn. Dim ei fod wedi methu apwyntiad pwysig na bore o waith. Jyst hanner diwrnod. Arall. R'un peth â ddoe. Ac echdoe a dweud y gwir. A'r diwrnod cyn hynny, mae'n siŵr. Dim ei fod yn gallu cofio'n iawn. Beiai Manon am hynny. A'r booze. Heb anghofio'r cyffuriau, wrth gwrs. Lot o bils, dim lot o thrills. Syllodd ar y nenfwd hufenfrown gan geisio canfod yr egni i lusgo'i gorff o'i wâl. Symudodd ei dafod o amgylch ei geg. Teimlai fel papur tywod. Neu falwoden sych. Roedd ei ddannedd wedi'u gorchuddio gan haenen o blac; mor drwchus nes y gallai bron deimlo'r bacteria'n ymosod ar ei ddeintgig. Gwnaeth nodyn meddyliol i brynu brws dannedd yn y dyfodol agos. Os allai fforddio un, hynny yw. Trodd ei lygaid at y llenni. Ceisiodd golau'r dydd ei orau glas i dreiddio trwyddyn nhw, ond diolch i'r olygfa hyfryd o ali gefn gul a wal yr adeilad drws nesaf, roedd yr ymdrech yn ormod, hyd yn oed i'r haul.

Cododd o'r gwely braidd yn rhy gyflym. Gwingodd gwaelod ei gefn, gan wneud i'w ddannedd grensian. Anadlodd yn ddwfn a syrffio'r tonnau o boen, tan i'r ceffylau gwynion roi'r gorau i garlamu. Ystyriodd ymestyn ei gorff a'i gyhyrau am eiliad, ond beth oedd y pwynt? Roedd yn falch o weld ei fod yn gwisgo'r un dillad â'r diwrnod cynt. Yn enwedig y sanau am ei draed. Gwisgo sanau oedd un o heriau mwyaf ei fywyd bellach. Hynny, a gwneud digon o arian i dalu am yr hanfodion. Brws dannedd, er enghraifft. A bwyd. Heb anghofio'i foddion dewisol: gwirod ac amffetaminau.

Aeth i'r toiled ac, ar ôl pisio, daeth wyneb yn wyneb â'i nodweddion ei hun. Yn y drych, edrychai yn llawer hŷn na'i bedwar deg un. Beiai Manon am hynny. A'r booze. Heb anghofio'r cyffuriau, wrth gwrs. Rhwng y nyth o wallt gwyllt ar ei ben a'r blewiach anniben ar ei ên, syllai ei lygaid arno o ogofâu dwfn ei benglog. Diffyg maeth oedd wrth wraidd y suddo. Nodwedd gyffredin iawn yn y byd oedd ohoni, ddegawd ar ôl y bleidlais. Byd llawn anobaith ac anhrefn, a arweiniai at derfysg a thanau dyddiol yn y ddinas. Byd lle roedd

Cymru fach wedi'i hynysu rhag gweddill Ewrop, a'i hangori wrth dwll tin Lloegr, fel tiwmor malaen tu hwnt i unrhyw achubiaeth.

Yn y gegin ddiffenest, ailddefnyddiodd fag te o'r diwrnod cynt i wneud paned. Un wan, heb laeth na siwgr. Roedd e'n arfer cymryd dwy lwyed o siwgr yn ei ddisgled. Cyn y bleidlais. Cyn yr arwahanu diangen, gwirfoddol. Cyn i'r proffwydo a'r rhybuddio gael ei wireddu. Roedd dogni bwyd yn gyffredin bellach, a'r nwyddau ar werth mor ddrud nad oedd pobl fel fe yn gallu eu fforddio. Banciau bwyd oedd un o brif ddiwydiannau'r wlad nawr; wedi disodli'r banciau arian, a wrthgiliodd o'r ynys fel llygod ffyrnig o gwch yn boddi. Yn unol â'u rhybuddion.

Anelodd am y lolfa, gan godi llythyr oddi ar y llawr ger drws ffrynt y fflat; cyhyrau gwaelod ei gefn bron â rhwygo wrth wneud. Eisteddodd yn ei hoff gadair. Yr unig gadair. Cododd y remôt a thanio'r teledu ac, wrth iddo fynd ati i rolio mwgyn cynta'r diwrnod, chwydodd y newyddion drwg o'r sgrin, fel gwastraff gwenwynig. Gwyliodd ddelweddau brawychus o fyddinoedd yn ymgynnull ym mhen draw'r byd.

America'n bygwth Tsieina.

America'n bygwth Gogledd Corea.

America'n bygwth Iran.

A Rwsia'n gwylio'r cyfan o'r cysgodion, gyda gwên fach slei ar ei hwyneb.

Clywodd eiriau cyfarwydd. Geiriau oedd yn arfer codi ofn arno, ond oedd mor gyffredin heddiw, roeddent wedi colli eu hawch a'u hystyr. Roedd bygythiad rhyfel niwclear yn real iawn, heb os. Ond, o ystyried yr holl drafferthion ar stepen ei ddrws, gallai anwybyddu'r hyn oedd yn digwydd yng ngogledd y Cefnfor Tawel yn ddigon hawdd. Gyda'r tlodi a'r trais tragwyddol, yr hiliaeth a'r estrongasedd beunyddiol, roedd rhan ohono'n meddwl "bring it on" bob tro y clywai adroddiad arall am yr Armagedon anochel.

Ddeng mlynedd ar ôl y bleidlais, roedd popeth wedi newid ym myd T Lloyd Lewis, a siaradwyr Cymraeg y wlad yn gyffredinol. Lle bu balchder ac urddas gynt; rhaid oedd cuddio'u hunaniaeth heddiw. Diolch i rym y casineb a amlygodd ei hun o ganlyniad i'r refferendwm, cafodd y Cymry Cymraeg eu gwthio a'u herlid i'r ymylon dros y ddegawd ddiwethaf, i'r fath raddau fel nad oedd cymdeithas Gymreig yn bodoli mwyach. Ddim yn y ddinas, ta beth. Roedd pethau ychydig yn well yng nghefn gwlad, yn ôl y sôn, ond nid oedd modd cadarnhau hynny chwaith. Byddech yn clywed sïon am bobl yn cwrdd yn danddaearol i gynnal y fflam ac i ymgynnull er mwyn gweddïo, canu neu jyst i sgwrsio, ond yr unig arwydd ar yr wyneb o fodolaeth pobl o'r fath, oedd y graffiti Cymreig diffuant a fyddai'n ymddangos dros nos o bryd i'w gilydd. Wrth gwrs, byddai'r geiriau'n cael eu disodli'n ddigon cyflym gan negeseuon gwrth-Gymreig, ond o leiaf roedd yna ryw obaith yn dal i fodoli. Ar ben hynny, roedd chwedlau dinesig am gangiau yn llosgi tatŵs iaith y nefoedd oddi ar groen brodorion fyddai'n ddigon anlwcus i gael eu dal. A gobeithiai T yn arw na fyddai neb yn gweld y geiriau i'w hoff gân, oedd wedi'u hysgythru mewn inc dros ei ysgwydd chwith, ac yn estyn am y lamp losgi.

Does dim angen merch
I dorri dy galon di,
Pan ti'n byw yng Nghymru.

Roedd y geiriau'n fwy gwir heddiw na phan gafon nhw eu sgrifennu, doedd dim amheuaeth am hynny. Gafaelodd yn y remôt a rhoddodd bwt i'r ynfytyn-flwch yng nghanol adroddiad am ymddangosiad Comed Read yn yr awyr. Gallai gofio gwylio ambell ffenomen ffurfafennol yn ystod ei fywyd. Comed Hale-Bopp yn naw deg saith, yng nghwmni ei ddosbarth ysgol. Eclips solar naw deg naw, pan aeth y wlad yn wallgof am gwpwl o ddyddiau, gan wario miliynau o bunnoedd ar sbectolau arbennig i wylio'r digwyddiad. Taniodd ei sigarét. Daeth cnoc gadarn ar y drws a gwneud iddo dagu ar fwg, ond stopiodd ei hun rhag pesychu, gan ei fod yn gwybod yn iawn pwy oedd yna.

"Mr Lewis, I know you're in there!" Ei landlord. Mr Smith. "Mr Lewis, this is getting out of hand."

Roedd arno ddeufis o rent iddo. Arian nad oedd ganddo.

Smociodd.

"I can smell you, Mr Lewis."

Gwnaeth hynny iddo wenu. Diolch i fesurau llymder y llywodraeth a'r toriadau i gyllid gwladol, roedd y wlad i gyd yn drewi, yn enwedig ardaloedd dinesig fel hon. Roedd y strydoedd yn fôr o sbwriel a'r tanau oedd yn llosgi'n ddyddiol yn llygru'r aer a'r amgylchedd.

Tawelodd y cnocio a'r gweiddi. Rholiodd fwgyn arall a chodi'r llythyr oddi ar y bwrdd coffi. Roedd ei fysedd melyn fel tsipolatas ymbelydrol ar gefnlen yr amlen wen. Nododd stamp y cwmni oedd yn cyhoeddi ei nofelau yng nghornel uchaf yr amlen. Rhoddodd hynny hwb i'w obeithion. Anadlodd yn ddwfn cyn ei hagor, gan weddïo i Dduw nad oedd yn credu ynddo am newyddion da.

Ond siom oedd yn aros amdano.

Siom, a sioc.

Cafodd ei siomi gan y cyfanswm oedd yn ddyledus iddo, a chafodd sioc o weld cyn lleied o lyfrau a werthwyd yn ystod y chwe mis ers cyhoeddi ei nofel ddiweddaraf. Datganai'r DALEB BREINDAL fod ei nofel, *A Better World*, wedi gwerthu hanner cant a dau o gopïau yn unig ac, o ganlyniad, bod y cwmni cyhoeddi, Gwalia Publishing, wedi talu £62.32 i'w gyfrif banc.

Gwell na dim. Jyst. Ond ymhell o fod yn ddigon i dalu'r rhent.

Roedd ei bedair nofel flaenorol wedi'u rhestru ar y daleb hefyd, ond doedden nhw ddim wedi gwerthu'r un copi rhyngddyn nhw. Gwyddai T fod pobl yn gorfod blaenoriaethu, ond roedd e dal yn siomedig, yn enwedig o gofio'r ymdrech aeth mewn i'w hysgrifennu. Ond y gwir oedd, pan nad oes bwyd ar y bwrdd, does neb yn meddwl rhyw lawer am lenyddiaeth.

Cofiodd 'nôl i gyffro cyhoeddi ei nofel gyntaf. Roedd Manon wrth ei ochr trwy'r cyfan. Dyddiau da, llawn creadigrwydd a chariad. Cyn y bleidlais. Cyn y bygythiadau. Cyn i'r wlad fewnffrwydro. Cyn i Manon ei adael am ddyn arall. Roedd hi mor falch ohono, yn ei wylio o res flaen y lansiad; ei gwên yn llydan a'i llygaid yn llawn edmygedd. Ond, pylodd y parch yn ddigon cyflym pan fethodd y nofel ddod o hyd i gynulleidfa. Ac er i'r cwmni cyhoeddi ei gefnogi trwy'r dymestl, ni arhosodd Manon mor driw. Ond ni allai ei beio am hynny.

Roedd llythyr mewn llawysgrifen wedi'i atodi i'r daleb, a'r geiriau yn y Gymraeg.

T, galw draw pan gei di gyfle.
Ma angen i ni ga'l chat fach.
Cofion, J

'J' am Joe.

Joe Hayes.

Sefydlwr y wasg. Pennaeth y cwmni cyhoeddi. Hen ddyn yn agosáu at ei wyth deg. Dyn gyda gweledigaeth. Dyn oedd wedi credu yn T a chyhoeddi ei lyfrau. Dyn oedd yn siŵr o ddifaru gwneud hynny bellach.

'J' am Jesus fuckin Christ!

Chat fach. Gallai T ddychmygu ei chynnwys yn

ddigon hawdd. Diwedd ei yrfa. Ond, gyda diwedd y byd ar y gorwel, oedd unrhyw ots mewn gwirionedd?

Tagodd ei rôl yn y blwch llwch llawn.

Chwythodd y mwg tua'r nenfwd.

Pesychodd fel claf bronciol.

Chwiliodd yn ofer am bowdwr, felly gwisgodd got law ysgafn, gafaelodd yn ei feic rhydlyd a gadael y fflat, gan gadw llygad ar agor am ei landlord. Clywodd weiddi trwy ddrws y fflat drws nesaf. Dyn a dynes yn mynd amdani – straen bywyd yn cyrraedd y pwynt berw. Cafodd ei atgoffa o wythnosau olaf Manon yn y fflat. Dyddiau o dawelwch, ac yna ffrwydriad ffyrnig a dagrau i ddilyn. Gwelai ei heisiau o hyd.

Aeth lawr grisiau'r hen dŷ Fictoraidd oedd wedi'i rannu'n bedwar fflat, ac allan trwy'r drws ffrynt. Oedodd ar y trothwy, gan ei bod yn pigo bwrw. Ystyriodd droi'n ôl, wedi'r cyfan, doedd dim *rhaid* iddo fynd i weld Joe heddiw. Roedd y nodyn yn ddigon amwys. Gallai ddychwelyd i'r fflat a... a... beth? Gwylio'r teledu? Mynd nôl i'r gwely? Roedd y dewis yn dorcalonnus. Ar y gair, torrodd yr haul trwy'r cymylau, gan oglais ei groen gwelw. Gwenodd wrth weld bwa enfys berffaith yn ymddangos dros doeon y tai teras gyferbyn. Nid oedd wedi gweld unrhyw beth mor brydferth ers blynyddoedd. Yn wir, ni allai gofio'r tro diwethaf iddo weld enfys o unrhyw fath. Codwyd ei galon ac fe'i sbardunwyd ymlaen.

Roedd T yn byw yng nghanol y ddinas.

Ger yr afon.

Ger y stadiwm.

Lle braf, mewn oes a fu. Ond nawr, roedd y lle'n debycach i ddystopia yn un o'i nofelau na chanol prifddinas. Neu brifddinas ranbarthol, fel ag yr oedd hi bellach. Roedd seiclo i unman heddiw fel chwarae gêm o Mario Kart. Roedd rhaid osgoi pob math o rwystrau – rhai dynol, naturiol ac artiffisial. Yn wir, roedd hi bron yn amhosib mynd i unrhyw le heb gael fflat. Roedd y sbwriel yn drwch ar lawr, a neb yn dod i'w gasglu. Gwydr. Caniau. Papur. Plastigau o bob lliw a llun. Ysgarthion dynol hyd yn oed. Popeth yn cael ei wthio yma ac acw gan y gwynt, nes pentyrru mewn corneli a chynrychioli cywilydd y ddynol ryw. Cofiai T ymgyrchoedd gwleidyddol a chymdeithasol i fod yn 'gymunedau di-blastig', a'r holl straeon am ynysoedd o blastig yn arnofio yn y cefnforoedd, gan ladd anifeiliaid y môr yn gwbl ddidostur.

Claddodd y bleidlais unrhyw obaith o adfer y sefyllfa.

Yn wir, claddodd y bleidlais unrhyw obaith.

Croesodd y bont dros yr afon, gan droi ei ben a gweld yr hylif tywyll yn llifo'n araf tua'r morglawdd. Gallai gofio nofio ynddi yn ifanc, rhyw bedair milltir i'r gogledd o'r fan hyn, ger cored Radyr – y llif yn llawn pysgod, a'r crehyrod glas yn pysgota yn y brwyn. Ond ni âi yr adar yn agos at y dŵr heddiw. Roedd y gwylanod wedi ymgartrefu'n barhaol mewn ardaloedd adeiledig, gan ddifa pob colomen a safai yn eu ffordd. Roedd yn well gan T beidio meddwl beth ddigwyddodd i'r hwyaid, yr elyrch a'r bilidowcars.

Roedd pobl ym mhobman fan hyn, a dim car ar gyfyl y ffordd, diolch i'r diffyg tanwydd, un arall o sgileffeithiau'r bleidlais. Roedd y prinder wedi para am bedair blynedd hyd yn hyn, a doedd dim golwg o'r diwedd. Yr unig gerbydau oedd i'w gweld yn gyson heddiw oedd rhai'r heddlu a'r lluoedd arfog. Roedd trafnidiaeth gyhoeddus yn atgof pell, diolch i'r diffyg tanwydd a'r isadeiledd adfeiliog. Byddai trenau'n cludo nwyddau prin i'r ddinas, ond doedd neb yn teithio arnynt bellach. Beic. Ceffyl. Cerdded. Dyna oedd dewis y werin. Er, doedd dim llawer o geffylau o gwmpas a dweud y gwir. Cofiai T yr holl sôn am gerbydau trydan a dyfodol dilygredd. Breuddwyd gwag arall a gladdwyd gan y bleidlais. A gyda'r byd ar drothwy rhyfel niwclear, doedd dim dyfodol i'r mwyafrif, ta beth. Ond ni effeithiodd y diffyg tanwydd ar T yn bersonol, gan nad oedd erioed wedi bod yn berchen ar gar. Wrth agosáu at y castell, lle arferai praidd o anifeiliaid concrid bipo dros frig y mur, oedd wedi ei ddymchwel erbyn hyn, gwelodd T haid o gŵn gwyllt yn ei wylio o gysgod y coed.

Saith pâr o lygaid yn syllu i'w gyfeiriad.

Saith tafod yn llyfu gweflau.

Saith bola'n griddfan.

Pedlodd o'na, mor gyflym ag y gallai.

Roedd waliau'r castell ei hun wedi'u gorchuddio â graffiti. Yr awdurdodau yn hollol ddiymadferth i'w atal, oherwydd y diffyg cyllid ac adnoddau. Daliodd un darn penodol ei sylw.

ONE LAND.
ONE LANGUAGE.

Trodd y gornel a seiclo tua'r gogledd, heibio i'r ganolfan ddinesig ar y dde, oedd wedi hen golli ei sglein a'i hurddas, yn bennaf oherwydd y graffiti yn gorchuddio'r muriau, ond hefyd achos y ddinas o bebyll amryliw oedd wedi ymddangos ar y lawnt o flaen yr adeiladau urddasol. Roedd yr aroglau a godai o'r pebyll yn ddigon i lorio dyn, felly anadlodd T yn ddwfn a chadw i fynd.

Roedd Joe yn byw ryw bum milltir i ffwrdd: ar lethrau'r mynydd oedd yn codi fel cragen crwban tu hwnt i'r draffordd, i'r gogledd o ganol y ddinas. Ond cyn cyrraedd pen ei daith, seiclodd T yn gyntaf trwy'r ardal lle roedd myfyrwyr y ddinas yn arfer byw, cyn i'r bleidlais newid popeth. Roedd yr holl fflatiau yn wag nawr. Wel, yn wag o fyfyrwyr, er bod pob ystafell yn llawn. Yn llawn dop, 'fyd. Byddai preswylwyr y pebyll yn dyheu am gael symud i un o'r blociau hyn. Beverly Hills cardotiaid y ddinas.

Stryffaglodd T i gyfeiriad y maestrefi. Dyma lle y tyfodd fyny. Er bod yr ardal wedi newid yn sylweddol ers iddo adael cartref. Wedi mynd oedd y lawntiau gwyrdd a'r ceir ar y dreifs, ac yn eu lle, ffensys tal a weiren bigog; camerâu teledu cylch cyfyng ac arwyddion yn rhybuddio darpar ladron o natur drydanol y ffens. Gwelodd farrau dros ffenestri a chŵn cyhyrog yn gwarchod bron pob eiddo. Diolchodd fod ei rieni wedi marw cyn i'r byd bydru fel hyn.

Pasiodd gartref hen ffrind a chofiodd chwarae pêl-droed a chwato yn y cyffinie. Cofiodd ymdeimlad o gymuned. Cofiodd fod yn hapus.

"No cycling!" Clywodd lais yn gweiddi arno a dyn â gwallt gwyn aflêr yn brasgamu tuag ato, gyda rhaw yn ei law. "Can't you read?"

Sbardunodd T i ffwrdd, ei galon yn carlamu a'i lygaid yn chwilio am arwydd dim seiclo. Ni allai weld un yn unman. Gwallgofrwydd pur. Sgileffaith cyffredin arall.

Croesodd bont dros y draffordd. Mynwent i oes a fu. Roedd cerbydau di-rif i'w gweld, yn ymestyn o'r fan hyn at y gorwel, wedi'u gadael yn y fan a'r lle pan ddaeth y tanwydd i ben. Gwelodd gorff yn symud o un car i'r llall, ac yna'r wynebau yn syllu arno o'r cerbydau. Roedd y digartref wedi ymgartrefu fan hyn hefyd. Un ai hynny, neu roedd apocalyps sombi ar fin cychwyn.

Gallai T weld y mwg yn codi o simne ei gyrchfan yn y coed, rhyw chwarter milltir i fyny'r allt. Gwthiodd ei feic i gefn gwlad. Roedd natur yn brysur ailhawlio'r ardal, a'r coed, y gwrychoedd a'r glaswellt yn tyfu'n wyllt.

Roedd yn chwys drabwn erbyn cyrraedd mynedfa'r ystad ac oedodd i ddal ei wynt cyn gwasgu'r botwm.

Yna, clywodd y dwndwr. Rymblan estron yn agosáu. Gafaelodd yn ei feic a brysio i guddio tu ôl i glawdd cyfagos lle gwyliodd trwy'r prysgwydd yn gegagored wrth weld lorri arfogedig yn gyrru at y glwyd, un dyn yn llywio'r cerbyd ac un arall yn gafael mewn M16; trwyn y reiffl yn pwyntio trwy'r ffenest agored, yn barod i danio, yn barod i ladd.

2066: Y Forwyn Olaf

AM Y TRO cyntaf mewn misoedd, ma pawb ar y tir mawr heddiw. Tu allan i'r twneli, hynny yw. Digwyddiad prin iawn wedi mynd. I fi, Mair, mae'n neis cael hoe o'r clafdy, ond nid amser i ddathlu yw hwn chwaith. Yn hytrach, ma pawb yma i weld Ceridwen yn cael y gosb eithaf. Gyda Jacob, fy efaill, yn gafael yn dynn yn fy llaw, syllwn fel un ar y grocbren gyntefig sy'n sefyll ar y llawr caled o flaen y garejis, sy'n garnedd bellach. Ei choesau'n crynu ar y stôl bren. Y rhaff yn llac o amgylch ei gwddf. Y piswel yn lledaenu ar hyd defnydd garw ei ffrog frethyn. Y sach dros ei phen i guddio'i dioddefaint, er nad yw'n ddigon i ddistewi'i beichiadau. Mae'r dorf yn dawel. Yr ysfa gasgliadol i weld gwaed yn islif i'r cyfan. Mae pob un o braidd edwinol y Tad – fy nhad – ar wahân i aelod hena'r grŵp sy'n rhy fusgrell i adael ei gwely, yn bresennol; eu hufudd-dod yn absoliwt a'u teyrngarwch yn ddigwestiwn. Fel pob teyrn, mae'r Tad yn arwain trwy gyfuniad o bwylldreisio a gweithredoedd eithafol. Fel defod heddiw. Does neb yn cael cwestiynu. Mae pawb yn gorfod credu. Yn wir, does neb *eisiau* ei gwestiynu. Fe yw eu Duw, dyna'r gwir.

Nid oeddwn i yma ar ddechrau'r hanes, rhyw ddeugain mlynedd yn ôl. Ac erbyn i fi gael fy ngeni, ugain mlynedd yn ddiweddarach, roedd hi'n rhy hwyr, a ffawd y grŵp wedi'i hen selio. Yn gefnlen i'r gyflafan ddiweddaraf mae'r plasty, sydd wedi dadfeilio i'r fath raddau nad yw'n saff camu dros y trothwy bellach. Rwy'n cofio chwarae cwato ynddo pan o'n i'n fach. Fi a Jacob ac Olwen fy chwaer fawr. A llond llaw o blant eraill. Rhai yn dal ar dir y byw, y mwyafrif wedi trigo. Mae'r byd hwn yn lle llym. Saif Olwen o fy mlaen, yn ceisio atal y dagrau rhag llifo, mewn ymateb i'r hyn sydd ar fin digwydd i'w ffrind gorau. Mae ei hysgwyddau'n crynu, ond nid yw hi'n gwneud sŵn. Ni allai floeddio na chwyno hyd yn oed petai'n dymuno gwneud, gan i'r Tad – ei thad – benderfynu bod rhaid torri ei thafod i ffwrdd y llynedd, pan gafodd ei dal yn siarad iaith estron yn ei chwsg. Pa iaith, doedd neb cweit yn siŵr i gychwyn, ond ar ôl canfod llond llaw o lyfrau Saesneg o dan ei matres, cafodd y gwir ei gadarnhau. A phwy a ŵyr o ble y daeth y llyfrau hefyd, achos nid yw'r fath foethau ar gael yn ein byd ni. O lyfrgell y Tad yw'r ateb mwyaf tebygol, er na fyddai Ef yn cyfaddef hynny. Pwyntio a grwnial yw ei phrif ddulliau cyfathrebu nawr, er ein bod wedi datblygu ambell arwydd ac ystum er mwyn hwyluso pethau 'fyd. Dim byd cymhleth chwaith. Bawd lan neu fawd lawr. Y math yna o beth. Mae'n druenus a dweud y gwir. Y prif beth sy'n ein hatal rhag datblygu system fwy gynhwysfawr yw'r ffaith nad yw'r Tad yn caniatáu cyfathrebu mewn unrhyw iaith, heblaw am iaith y nefoedd, wrth gwrs. Dim hyd yn oed iaith arwyddo. Mae'r holl beth yn fy hala i'n benwan a'r casineb rwy'n ei deimlo tuag ato'n dwysáu bob dydd. Roedd cosb Olwen i fod yn rhybudd i weddill y dilynwyr, tra bod ffawd Ceridwen heddiw yn estyniad o hynny. Cafodd hithau hefyd ei dal yn siarad Saesneg yn ei chwsg. Wel, clywodd aelod anhysbys o'r grŵp hi'n gwneud, cyn adrodd hynny wrth y Tad, neu'n fwy tebygol, wrth un o'i gynghorwyr.

Teyrngarwch absoliwt.

Addoli di-gwestiwn.

Mae'r Tad yn sefyll i'r chwith o'r grocbren, yn pregethu o bulpud drylliedig, sy'n edrych mor hen ag yntau, os nad yn henach. Yn ei wisg goch, gwyrdd a gwyn, yr unig un sy'n gwisgo lifrai lliwgar, mae'r hen ddyn yn edrych yn chwerthinllyd. Mae ei wallt gwyn yn hir ac yn denau, a'i farf yn goglais ei fogel; tra fod ei groen gwelw, tryloyw bron, yn adlewyrchu lliw'r awyr gymylog. Melyn. Mwrllwch. Un o sgileffeithiau'r bomiau a ddisgynnodd ymhell cyn i fi gael fy ngeni. Nid yw'r ymbelydredd yn effeithio arnon ni na'r ddaear yn yr un ffordd ag yr oedd e gynt, ac mae natur wedi hen ailgydio yn y byd o'n cwmpas. Mae'r coed a'r blodau yn ffynnu ac yn lledaenu, a fi hyd yn oed wedi gweld ambell aderyn dros yr wythnosau diwethaf. Brain yn bennaf, ac ambell golomen. Pan welais i nhw gyntaf, aeth fy nghalon yn agos at fyrstio. Ro'n i wedi gweld lluniau o adar ac anifeiliaid mewn llyfrau yn llyfrgell y Tad, ond dyma'r tro cyntaf i fi weld unrhyw beth o'r fath gyda'n llygaid fy hun. Ond nid oedd hynny hyd yn oed yn ddigon i aildanio fy ffydd. Ro'n i hefyd yn arfer credu, cofiwch. Fel pawb arall yn y lle 'ma. Tan i fi gael fy aileni pan gyrhaeddais fy arddegau. Chi'n gweld, nid 'Mair' oedd fy enw gwreiddiol, ond Mererid. Ar ôl mam, a fu farw'n rhoi genedigaeth i fi a Jacob.

Edrychaf ar yr olygfa o 'mlaen. Y ferch sydd ar fin cael ei difa. Heb reswm dilys a dweud y gwir. A'r dyn, y duw, sy'n pregethu i'w ddilynwyr. Mae fy meddyliau'n dechrau crwydro. Cofiaf y mud-gyffro yn ystod y dyddiau'n arwain at fy mhen-blwydd yn dair ar ddeg oed. Trobwynt fy mywyd. Hyd at y pwynt hwn, roeddwn yn credu pob gair. Cofiaf yr holl syllu, ond doedd dim syniad 'da fi beth oedd ar fin dod. A pham fydde fe? Plentyn o'n i. Merch ifanc. Merch ifancaf y Meistr hefyd. Yn ddiarwybod i fi ar yr adeg, roedd traddodiad gan y Tad oedd yn ymestyn yn ôl dros chwarter canrif. Yn syml, fe oedd yr *unig* un â'r hawl, ac yn wir y gallu, i gael plant yn y teulu camweithredol hwn. Byddai pob mab a gâi ei eni yn cael ei sbaddu o fewn oriau i'w esgoriad. O ganlyniad, ni fyddai unrhyw gystadleuaeth gan y Tad ym maes cenhedlu. Ond, er gwaethaf eithafiaeth y weithred honno, roedd ffawd yr un mor erchyll yn aros i ni'r merched.

Dihunais ar fore fy mhen-blwydd, gan orwedd yn fy ngwely yn syllu ar nenfwd y twnnel. Fy nghartref. Fy myd. Fy mydysawd. Tan y diwrnod hwnnw, roeddwn i wedi teimlo'n gwbl ddiogel yma. Nid oeddwn erioed wedi blasu moethusrwydd, ond roedd fy mola'n llawn a fy nheulu'n gofalu amdanaf. Nid y Tad, wrth gwrs. Na. Roedd e'n cadw draw rhag ei ddilynwyr. Hyd braich, fel petai. Yn cyfathrebu trwy bregethau yn unig. Ac hefyd trwy ei gynghorwyr agosaf. Synhwyrais fod Olwen yn syllu arnaf o'r gwely drws nesaf. Gwenais arni, ond roedd golwg daer ar ei hwyneb. Roedd Olwen ddwy flynedd yn hŷn na fi, ac yn gwybod yn iawn beth oedd arwyddocâd y diwrnod hwnnw. O edrych yn ôl, gallaf gofio fy chwaer yn troi'n oeraidd a phellennig o gwmpas adeg ei phen-blwydd yn dair ar ddeg, ond roeddwn i'n rhy ifanc i ddeall ar y pryd, ac aeth popeth yn ôl i normal yn ddigon cloi; ein bywydau yn ymlusgo'n araf yn eu blaenau unwaith eto. O dan gyfarwyddyd – hynny yw, bygythiadau – y Tad a'i gadfridogion, ni ynganodd unrhyw un air am y ddefod. Er, o gofio'n ôl, roedd llygaid fy chwaer yn siarad cyfrolau. Cododd i eistedd y bore hwnnw, a rhoi pecyn bach i fi. Diolchais iddi a'i agor. Ynddo, roedd llond dwrn o dda-das. Byddai melysbethau'n cael eu dogni yma, ac roedd anrheg fy chwaer yn brawf iddi fod yn cynllunio a pharatoi ers misoedd. Bron i mi grio. Codais o'r gwely a'i chofleidio.

Ganol y prynhawn, daeth Barac, un o uwchswyddogion y Tad i fy hôl i. Roeddwn i a Jacob newydd fwynhau bisged bob un; pwdin blasus yn dilyn prif gwrs o locustiaid a reis. Dantaith prin yn ein byd tanddaearol ac anrheg pen-blwydd bach wrth Delila, meistres y gegin. Dilynais Barac, heb sylwi ar y boen oedd yn disgleirio yn llygaid fy mrawd. Yn wahanol i fi, roedd e wedi clywed sibrydion. Ond ddwedodd e ddim byd. Gwyddai beth fyddai ei ffawd petai'n gwneud hynny, a sa i'n ei feio o gwbl. Mae pob teyrn yn rheoli trwy arswyd. Trwy ofn. Ac o gael eich sbaddu cyn cychwyn eich taith trwy fywyd, mae gafael y Tad ar ei ddilynwyr yn gadarn. Yn enwedig dros y dynion.

Arweiniodd Barac fi i ystafell y Tad. Man cysegredig nad oeddwn i wedi ymweld ag ef o'r blaen. Yn wir, nid oeddwn yn gallu cofio'r tro diwethaf i'r Tad fy nghyfarch yn bersonol. Yn uniongyrchol. Ac nid oedd hynny ar fin newid heddiw ychwaith. Roedd ei drigfan yn llychlyd, yn dywyll ac yn llawn llyfrau a chreiriau a gwrthrychau estron. Roedd ei wely'n foethus a'i glustogau'n bolio, mewn gwrthgyferbyniad llwyr â'n dillad gwely ni yn yr ystafell wely gyffredin. Eisteddai'r Tad mewn cadair gyfforddus ym mhen draw'r ystafell, y lamp olew ar y bwrdd o'i flaen yn goleuo'r gofod o'i gwmpas, er bod nodweddion ei wyneb ar goll yn y gwyll. Caeodd Barac y drws y tu ôl i ni, ond arhosodd yn yr unfan. Roedd Micah, cadfridog arall y Tad yn bresennol hefyd. Rwy'n cofio sefyll yno, yng nghanol yr ystafell, yn hapus o fod yng nghwmni, ym mhresenoldeb, y Tad.

Fy nhad.

Am fraint.

Am anrhydedd.

Moesymgrymais. Sythais. Ystyriais ei gyfarch, ond cipiodd Barac y blaen, wrth gamu ataf.

"Wyt ti'n gwbod pam wyt ti yma, Mererid?"

Ysgydwais fy mhen.

"Wyt ti'n gyfarwydd â hanes Lot a'i ferched yn yr Hen Destament?"

"Ydw," atebais, er nad oeddwn yn gallu cofio *pob* manylyn chwaith.

"Da iawn. Felly, rwyt ti'n gwybod bod Lot wedi tadogi dau fab gyda'i ferched, ei gig a'i waed, sef Moab ac Ammon, er mwyn cynnal y ddynol ryw ar y ddaear."

Nodiais fy mhen, fel tasen i'n deall pob gair.

"Wel, dyna beth yw ein nod ni heddiw," medd Barac yn gwbl ddidwyll; ei eiriau'n feddal, er gwaethaf eu harwyddocâd. "Sicrhau dyfodol y ddynol ryw."

Aeth ati i esbonio'r ddefod, y traddodiad. Roedd yr holl beth mor syml ac amlwg yn eu byd nhw. Pan fyddai merch yn cyrraedd ei harddegau, byddai'r Tad yn hawlio'i haeddiant ac yn helpu'r ferch i ddod yn fenyw, yn y gobaith gwirioneddol o genhedlu. Gwawriodd arnaf ar yr eiliad honno mai fi a Jacob oedd aelodau ifancaf y grŵp. Doedd neb wedi beichiogi ers tair blynedd ar ddeg. Wrth gwrs, dwi'n gwybod yn awr mai sgileffaith arall yr ymbelydredd oedd yr anffrwythlondeb yma. Ond ar y pryd, roedd hyn oll yn swnio'n gwbl dderbyniol. Yn gwbl gyffredin hyd yn oed. Dyna oedd dyfnder a dwysedd y pwylldreisio. Derbyniais fy ffawd fel mater o ffaith. Wedi'r cyfan, os oedd fy chwiorydd i gyd wedi bod trwy'r un peth, doedd dim gwrthwynebiad gyda fi. O edrych yn ôl, roedd fy agwedd, heb os, yn dangos pa mor ddall oeddwn i ar y pryd. Ond roedd fy llygaid ar fin cael eu hagor, er mai tywyllwch oedd yn aros amdanaf, yn hytrach na golau godidog gwaredigaeth.

Ar ôl esbonio, gadawodd Barac a Micah yr ystafell gan foesymgrymu o flaen y Tad cyn mynd, a fy ngadael yn ei gwmni. Y peth nesaf dwi'n ei gofio yw gorwedd ar y gwely a gwylio'r Tad yn cerdded yn fân o amgylch yr ystafell, yn mwmian iddo'i hun o dan ei anadl. Ni allai edrych i fy nghyfeiriad, ac ar ôl peth amser, camodd at y drws a galw ar ei gynghorwyr. Camodd y ddau i'r ystafell, a sibrydodd y Tad yn eu clustiau. Doedd dim syniad gyda fi beth oedd yn digwydd, ond o edrych yn ôl, mae'r peth yn ddigon amlwg. Nid y merched yn unig oedd yn anffrwythlon bellach. Cofiaf eu gwylio nhw'n sgwrsio'n dawel, heb wybod beth oedd yn mynd 'mlaen. O'r diwedd, camodd y Tad at ochr y gwely. Doeddwn i ddim wedi bod mor agos ato ers amser maith. Erioed, efallai. Roedd y pryder a'r rhwystredigaeth ar ei wyneb wedi cael eu hailosod gan rywbeth llawer gwaeth. Ymwthiodd gwythïen trwy groen tenau ei dalcen a phefriodd ei lygaid yn y lled-dywyllwch. Cywasgodd ei ddwylo'n ddyrnau ac ymwrolais mewn paratoad ar gyfer yr ymosodiad. Caeais fy llygaid a disgwyl y gwaethaf. Ond, yn hytrach, trodd y Tad a gadael yr ystafell, gan gau drws ei swyddfa yn glep y tu ôl iddo.

Edrychais ar ei gynorthwywyr. Doedd dim syniad ganddynt beth i'w wneud.

"Paid symud," cyfarthodd Barac, cyn dilyn y Tad trwy'r drws, a'i gau'n ysgafn ar ei ôl.

Er gwaethaf ei orchymyn, codais ac eistedd ar erchwyn y gwely. Rasiodd fy meddyliau i bob cyfeiriad, heb gyrraedd unrhyw fath o gyrchfan. Atseiniodd esboniad digyffro Barac rhwng fy nghlustiau a fflachiodd wyneb gwyrgam y Tad o flaen fy llygaid. Am ddryswch. Yna, cofiaf edrych o amgylch yr ystafell gan ryfeddu ar yr holl wrthrychau. Yn wahanol i ni, ei ddilynwyr, roedd gan y Tad eiddo. Llyfrau, tlysau, lluniau. Yna, gwelais Y Llyfr yn gorwedd mewn cist wydr yn y gornel. Conglfaen ein credoau. Man cychwyn cysegredig ein byd. Ar glawr plaen oedd unwaith yn wyn, bellach wedi pylu, darllenais y geiriau. 'Iaith y Nefoedd' gan T Lloyd Lewis. Er gwaethaf dwyster y sefyllfa, cofiaf feddwl ai T am 'Tad' oedd ystyr y llythyren gyntaf?

Dychwelodd Barac, gan fynnu fy mod yn ei ddilyn, a

threuliais y diwrnod nesaf mewn cell dywyll gyda llawr gwlyb. Roeddwn wedi drysu'n llwyr. Gweddïais i gychwyn. Yna, wylais. Am oriau. Llifodd y dagrau fel rhaeadrau hallt ac, yng nghanol y dilyw, trodd fy meddyliau at Job. Ai Duw oedd yn profi fy ffydd? Fy ufudd-dod? Oedd Duw yn fy herio am ryw reswm? Ond gwawriodd arnaf yn y diwedd na fyddai unrhyw fath o Dduw yn gwneud i un o'i braidd ddioddef fel hyn. Roedd y Tad, fy nhad, ar fin cipio fy ngwyryfdod. Ac yn awr, yn nhywyllwch absoliwt y gell, gwawriodd y goleuni ac fe'm dallwyd gan y gwir.

Does dim Duw.

Does dim Nefoedd.

Does dim cyfiawnder chwaith, o gofio bod y Tad yn dal ar dir y byw tra bod fy mam yn ei bedd.

Collais fy ffydd yn llwyr.

A gyda phob gobaith bron wedi cilio, a finnau'n disgwyl y gwaethaf, agorodd y drws o'r diwedd a gwelais Barac yn sefyll yno; golau'r gannwyll roedd e'n ei chario yn ddigon i fy nallu ar ôl cymaint o oriau ym mola'r fuwch.

"Dere."

Yn ôl yn ystafell y Tad, golchais fy ngwallt a fy nghorff yn y bàth, cyn gwisgo. Ni ynganais yr un gair wrth neb. Roedd y dillad oedd amdanaf yn y gell wedi mynd, ac yn eu lle, ffrog laes wen. Cefais frws i dacluso fy ngwallt, ac yna dilynais y Tad a'i uwchswyddogion i fyny o grombil y twneli, allan i'r awyr agored, lle roedd gweddill y dilynwyr yn aros amdanom.

O'r llwyfan bren, edrychais ar yr holl wynebau yn syllu arnaf, gan weld Jacob ac Olwen gyda'u llygaid ar agor led y pen; eu syndod yn amlwg, hyd yn oed o ugain llath. Camodd y Tad at y pulpud a dechrau pregethu. Ceisiais wrando ar ei eiriau, ond yr unig beth oedd yn hawlio fy sylw oedd ei wyneb y diwrnod cynt.

Diben ei neges oedd mai fi oedd y Forwyn Olaf ac y dylai pawb fy ngalw i'n 'Mair', nid Mererid. Cyflwynodd y Tad yr hanes fel gair Duw, ond roedd y rhagrith yn rhyfeddol, ac unrhyw ffydd oedd gennyf wedi diflannu nawr. Wedi'r cyfan, petai'r hen ddyn wedi gallu gwneud ei wneud, ni fydden i'n sefyll yma'n forwynol i gyd. Er i'r Tad fethu'n llwyr â hau ei had, tyfai fy nghasineb tuag ato yn ddyddiol.

A dyma fi nawr, yn syllu ar yr un llwyfan, lle mae merch ifanc arall yn sefyll, yn aros i ffarwelio â'r byd o dan gyfarwyddyd ein Duw. Mae ei eiriau yn pylu o'r diwedd, a Barac yn cicio'r gadair yn gwbl ddiseremoni, ac mae Ceridwen yn cwympo, y rhaff yn tynhau a'i gwddf yn torri gyda chlec.

2026: Yn y Dechreuad

GWYLIODD T Y gyrrwr yn agor drws y lorri a chamu o'r caban er mwyn gwasgu'r botwm wrth y glwyd. Gwisgai lifrai. Ond dim lifrai'r fyddin na'r heddlu na dim byd fel 'na. Dim hyd yn oed lifrai cwmni diogelwch, neu warchodlu preifat. Yn debycach i lifrai o'ch chi'n arfer gweld gweithwyr archfarchnadoedd yn eu gwisgo. Chinos gwyrdd tywyll a chrys polo taclus, ychydig yn oleuach. Y prif wahaniaeth rhwng ei wisg ef a gwisg gweithwyr Morrisons neu Aldi gynt, oedd y llawddryll ar ei glun. Mewn gwain gwn lledr. Du. Cysgodai ei lygaid o dan big cap pêl-fas, er bod ei ên sgwâr a'i drwyn drylliedig yn ddigon i ddarbwyllo T i hwn fod yn dyst i fwy nag un frwydr. Ar faes y gad neu ar gae rygbi, nid oedd modd gwybod, er y gwyddai T na fyddai'n syniad da cael ei ddal yn ysbïo arno o'r fan hyn. Cododd y gwynt nes bod y brigau uwch ei ben yn dawnsio. Gwyliodd gymylau tywyll yn disodli'r glesni tu hwnt i'r dail. Teimlodd ddiferyn o law yn glanio ar ei ben. Trodd ei sylw'n ôl at y glwyd. Yn ôl at y lorri. Yn ôl at y gŵr arfog. Edrychai'r cerbyd fel fan ddiogelwch. Y math o beth oedd yn casglu arian o fanciau slawer dydd. Roedd ei chragen yn ddigon cadarn i wrthsefyll ymosodiad, a dyfalodd T bod y teiars wedi'u gwneud o ddeunydd tebyg i Kevlar. Roedd wedi ymchwilio'r fath bethau ar gyfer ei nofelau. Cyn y bleidlais. Cyn i'r rhyngrwyd stopio gweithio. Gwelodd geg y gyrrwr yn symud, gan siarad â phwy bynnag oedd ar ben draw'r lein, ond ni chlywodd yr un gair. Yna, gwyliodd y gŵr yn dringo'n ôl mewn i'r cab, y clwydi'n agor yn awtomatig, a'r lorri'n symud yn araf i mewn i'r ystad. Penderfynodd aros iddi ddiflannu cyn camu at y porth a datgan ei bresenoldeb, ond yna clywodd sŵn arall yn dod o'r coed, a throdd mewn pryd i weld mintai o anwariaid yn agosáu. Heb feddwl, gafaelodd yn ei feic a'i heglu hi tua'r glwyd, gan ei chyrraedd jyst mewn pryd, cyn iddi gau. Â'i galon yn taranu, trodd yn yr unfan a gwylio'r gwylltfilod yn camu at y glwyd gaeedig; eu croen yr un lliw â'r goedwig, eu dillad yn garpiog, a'u llygaid yn bolio ag anobaith llwyr.

"Don't touch the fence!" bloeddiodd un ohonynt, ond ofer oedd y rhybudd. Gafaelodd un arall yn y rhwyllwaith gwifrog a gwyliodd T yn gegagored wrth i'w gorff cyfan ddirgrynu'n ddireolaeth am sawl eiliad, cyn cwympo i'r llawr yn llipa. Tawelodd ei fonllefau, a chafodd gymorth i godi ar ei draed. Gwyliodd T y cyfan o ochr arall y ffens, gan deimlo cybolfa o emosiynau yn gafael ynddo: tosturi yn gymysg ag atgasedd. Toddodd y bwystddynion yn ôl i'r istyfiant a throdd T, neidio ar gefn ei feic, ei draed yn troi'r pedalau mewn cytgord perffaith â churiadau gwyllt ei galon.

Gallai glywed sŵn injan y lorri'n grymial yn y pellter, wrth iddo bedlo'n betrusgar braidd ar hyd y dreif troellog tuag at faenordy ei gyhoeddwr. Ar naill ochr y lôn garegog, i'r gwrthwyneb â chanol y ddinas, roedd y coed tal yn drwchus a natur yn ei hanterth. Gwelodd wiwerod, cathod ac adar amrywiol ar hyd y daith. Roedd y lle'n baradwys naturiol o gymharu â hunllef ddinesig ei fywyd bob dydd. Wrth agosáu at y modurdai, gadawodd ei feic yn pwyso wrth goeden, a cherdded gweddill y ffordd. Clywodd leisiau. Clywodd iaith y nefoedd yn dawnsio ymysg y dail. Cuddiodd tu ôl i dderwen hynafol, a gwylio'r dynion arfog yn gwagio cefn y lorri, gyda chymorth ac o dan gyfarwyddyd Caradog, bwtler blaenslaes gwarchodwr personol Joe. Cawr o ddyn o ochrau Bethesda a chanddo lygaid caled, cyhyrau gogoneddus a gwên gynnes, o dan yr amgylchiadau cywir.

Gan ddefnyddio trolïau tebyg i rai oedd i'w cael mewn siopau DIY yn yr oes a fu, cludodd y triawd gratiau o fwydach o gefn y lorri i'r garej agosaf at y tŷ. Roedd T yn ddigon agos i allu gweld ambell fanylyn. Sachau o ffacbys a chorbys sych. Bagiau o reis a phasta. Jariau plastig llawn da-das amryliw. Poteli dŵr. Cannoedd ohonynt. Os nad miloedd. Ond nid oedd modd gweld mewn i'r garej. Penderfynodd symud, ond cyn iddo gamu o'i guddfan, clywodd frigyn yn cracio'r tu ôl iddo, eiliad yn unig cyn iddo deimlo'r ergyd. Eiliad yn unig cyn i'r byd dywyllu.

Daeth ato'i hun yn eistedd mewn cadair. Roedd y boen yn ei ben yn annioddefol. Bron. Cododd ei law at fôn ei benglog. Teimlodd waed gludiog wedi ei blethu â'i wallt. Teimlodd chwyddi. Teimlodd ryddhad nad oedd ei ddwylo wedi'u clymu i gefn y gadair. Ymgododd Caradog o'i flaen, ei wên o weld T yn dod ato'i hun yn cipio'r awdur yn syth at lethrau'r Bannau Mawr.

"Dyma fo, Mr Hayes," medd y cawr, gan gamu i'r ochr. Gwelodd T ei gyhoeddwr yn sefyll yno'n pwyso ar ei ffon gyda golwg bryderus ar ei wyneb. Ceisiodd wenu, er i'r ymdrech wneud iddo wingo.

"Diolch byth!" ebychodd Joe, cyn i'r pryder gael ei ddisodli gan wên. "O'n i'n meddwl bod ti 'di marw am eiliad fyna, gw boi."

Daeth gweddill yr ystafell i ffocws a gwelodd T ei fod yn un o'r modurdai. Clywodd decell yn dod i'w anterth. Trodd ei ben yn boenus a gweld un o'r dynion arfog yn arllwys dŵr i fŵg.

"Beth ddigwyddodd?"

"Cwestiwn da. Daniel Jac, gei di ateb."

"Dim ond gneud job fi, 'de," daeth yr ateb diffuant o geg dyn ifanc a safai ger y drws agored yn chwythu mwg i'r awyr iach. Roedd reiffl yn pwyso ar y wal wrth ei ochr. Heb os, yr arf a balodd rychau ym mhen T.

"Dy job di yw cadw'r anwariaid *allan*, Dan bach. Dim colbio fy nghyfeillion," atebodd Joe fel bollt. Efallai fod corff yr hen ddyn yn adfeilio, ond roedd ei feddwl mor finiog ag erioed. "Ond sut yn y byd dest di mewn heb i neb dy weld di?"

Edrychodd T i gyfeiriad y ddau ŵr arfog oedd yn pwyso ar y wal ym mhen draw'r stafell.

"Dilynes i'r lorri trwy'r glwyd. Cyn i'r... cyn i'r..."

Tawelodd ei eiriau. Ni allai feddwl beth i'w galw nhw. Os oedden nhw'n 'anwariaid', fel y galwodd Joe nhw, beth oedd e? Roedden nhw'n perthyn i'r un byd, i'r un ddinas, wedi'r cyfan. Yr unig wahaniaeth a dweud y gwir oedd bod gan T do uwch ei ben. Am nawr.

Trodd Joe i edrych ar Caradog.

"Ma angen i ni adolygu'r fynedfa 'na. Nid dyma'r tro cyntaf i hyn ddigwydd."

"Iawn, Mr Hayes. Ar ôl i ni orffan gwagio'r lorri, ia?"

"Ie."

Trodd Joe yn ôl at y claf.

"Dere i'r tŷ. Geith Martha lanhau'r cwt 'na. Ti'n iawn i godi, neu ti moyn help llaw?" Sythodd T yn y gadair, cyn edrych ar y pentyrrau o fwydach yn y troli ger y drws. Gwelodd Joe e'n gwneud.

"Fi'n paratoi," atebodd ei gwestiwn, er na ynganodd T yr un gair.

"Ar gyfer beth?"

"Diwedd y byd," atebodd Joe. "Dere, i fi gael dangos rhywbeth i ti."

Gyda help llaw Caradog, cododd T ar ei draed yn sigledig. Anadlodd. Sadiodd ei hun. Arhosodd i'r ystafell roi'r gorau i droelli. Yna dilynodd Joe trwy ddrws dur trwm, a chamu mewn i hen lifft ddiwydiannol, tebyg i un a welodd yn Big Pit ryw dro. Aeth y gweddill yn ôl at eu gwaith ac, ar ôl i Joe wasgu botwm, suddodd y llwyfan i grombil y ddaear, gyda pherchennog yr ystad yn esbonio wrth fynd.

"Ni gyd yn gwbod beth sy'n dod, reit, T. Ma'r gwallgofddyn… y teyrn 'na sydd yn y Tŷ Gwyn, yn arwain y byd tuag at Armagedon. Gallai pethau gychwyn unrhyw ddydd. Heb rybudd. Ond sa i'n barod i farw. Wyt ti?"

"Dim eto, Joe. Dim eto," atebodd T gyda gwên. Wrth gwrs, roedd pawb yn hysbys o'r hyn allai ddigwydd. Y bygythiad eithaf i'r ddynol ryw. Ond, gyda bwyd ac adnoddau yn brin, roedd y mwyafrif o bobl yn brwydro i oroesi o ddydd i ddydd, heb droi eu meddyliau at y rhyfelgwn ar ochr arall y glôb. Roedd 'teyrn y Tŷ Gwyn', fel y galwodd Joe e, wedi rhwygo cyfansoddiad ei wlad yn deilchion ac wedi datgan ei fod yn 'Arlywydd am Oes'. Er na fyddai ei gyfnod fel arweinydd yn para'n hir iawn petai'n gweithredu ar ei fygythiad a gollwng y bom.

"Sa i'n jocan," dywedodd Joe yn daer.

"Sori," meddai T yn chwithig.

Wfftiodd Joe ei ymddiheuriad.

"Fel wedes i, fi'n paratoi. Trwy lwc, roedd cyn-berchennog y lle 'ma'n obsessed â gwin. Ro'dd e'n berchen ar winllan yn yr Eidal, o beth fi'n deall, ac fe gloddiodd e rwydwaith o seleri o dan y ddaear fan hyn."

Daeth y lifft i stop yn sydyn, a chollodd T ei gydbwysedd am eiliad. Gwelodd fod Joe yn gafael mewn cledren ddur, yn barod ar gyfer yr ardrawiad. Ni symudodd yr hen ddyn o gwbl. Yna, camodd Joe o'r lifft a gwasgu botwm ar y wal. Goleuwyd y seler ac ni allai T gredu ei lygaid. Nid seler fach i gadw casgliad personol oedd yno o'u blaenau, ond ogof aruthrol.

"Blydi hel!" ebychodd T, gan wneud i Joe wenu.

"Yr union beth wedes i pan weles i'r lle am y tro cynta. Dere."

Arweiniodd Joe yr awdur trwy'r gofod enfawr, trwy rwydwaith o geudyllau llai o faint yn ymestyn oddi ar y neuadd ganolog. Roedd rhywun wedi bod yn brysur iawn. Roedd pedair o'r ystafelloedd atodol yn llawn dop o fwyd, a phopeth wedi'i bentyrru'n drefnus.

"Ma digon o fwyd 'da fi fan hyn i bara hanner canrif."

"Hanner canrif?!" ebychodd T yn anghrediniol. Anwybyddodd Joe e a chario 'mlaen i esbonio.

"Ffa 'di sychu. Ffacbys a chorbys sych. Ceirch. Pasta. Halen. Soy sauce. Chwisgi a gwin. Dŵr potel. Llaeth powdwr. Coffi. Te. Siwgr. Halen. Mêl. Blawd. Soda pobi. Neith rhein i gyd bara am ddegawdau os gewn nhw eu cadw'n sych."

Roedd un o'r ystafelloedd fel meddygfa gyda dau wely ar olwynion a chypyrddau dur; dwy arall yn llawn gwelyau bync; llyfrgell; ystafell chwarae gemau, yn llawn clustogau ar lawr, offerynnau cerddorol a gemau bwrdd; a'r olaf yn groes rhwng ystafell mewn gwesty moethus a swyddfa.

"Fy ystafell i," esboniodd Joe.

"Neis!" medd T, yn gwbl ddidwyll. "Chi 'di meddwl am bopeth, Joe."

"So ti 'di gweld dim byd 'to," dywedodd yr hen ddyn, gan arwain T yn ddyfnach o dan y ddaear, lle allai glywed sŵn dŵr yn llifo.

"Beth ti'n meddwl o hwn, 'te?" gofynnodd, wrth droi cornel a datgelu ffynnon eang, digon o faint i ugain person drochi ynddi.

"Wow!" Nid oedd T erioed wedi gweld unrhyw beth mor brydferth. Ddim yn ddiweddar, ta beth.

"Ffynnon naturiol. Ffynhonnell bywyd."

Cyrcydiodd T a chodi llond llaw o ddŵr at ei geg. Wrth larpio'r hylif oerllyd, cododd cwestiwn yn ei ben.

"Pam yr holl ddŵr potel, 'de, Joe, os oes gyda chi ffynnon naturiol?"

"Bydd angen rheina ar ôl i'r bomiau ffrwydro."

"Pam?"

"Dere nawr, T! Ti 'di sgwennu digon am fydoedd ôl-apocalyptaidd."

Amlygodd yr ateb mewn amrantiad.

"Llygredd. Ymbelydredd."

"Yn union. Bydd y bomiau'n llygru'r ddaear a bydd y dŵr yn cael ei wenwyno. Am gyfnod, ta beth. A dyna pryd fyddwn ni'n yfed y dŵr potel."

"Pwy yw'r 'ni' 'ma chi'n siarad amdanyn nhw?"

Oedodd Joe cyn ateb.

"Teulu. Ffrindiau. Cymry."

Ni ymhelaethodd ar hynny, ond roedd T yn falch iawn ei fod e'n ticio dau o'r blychau.

Wrth gyrraedd yn ôl i'r garej, gwelodd T bod y lorri wedi mynd, gan adael Caradog a Dan ar ôl yn carto'r nwyddau. Ac ar ôl i Martha, howsgiper blaenslaes nyrs y cyhoeddwr, olchi briwiau T, yn ystod y swper mwyaf blasus iddo ei fwyta mewn blynyddoedd, esboniodd Joe fod y cwmni cyhoeddi wedi dod i ben. Mewn byd lle nad oedd pobl yn gwybod o ble fyddai'r pryd bwyd nesaf yn dod, roedd cyhoeddi llyfrau yn ffolineb llwyr. Roedd diwylliant yn bell o feddyliau'r mwyafrif.

"Welest di dy freindal, yn do fe?"

"Do."

"Wel, ti yw'r awdur sy wedi gwerthu'r mwyaf o lyfrau i fi yn ystod y chwe mis diwethaf."

Roedd tôn ei eiriau bron yn ddigon i dorri calon T, a gwelodd lygaid Joe yn llenwi â lleithder ben arall y bwrdd, er na lifodd yr un deigryn ohonynt heno. Er mai hobi oedd y cwmni cyhoeddi iddo a dweud y gwir, diolch i'r ffaith i Joe gael ei eni yn fab i rieni cefnog iawn, gallai T synhwyro'r loes oedd ynghlwm â'r penderfyniad i ddod â'r cwmni i ben. Roedd e'n angerddol am lenyddiaeth a llyfrau, yn enwedig yn ei famiaith, i'r fath raddau bod Joe yn honni mai inc oedd yn llifo trwy ei wythiennau, nid gwaed.

"Gei di aros fan hyn, ti'n gwbod 'ny. Os eiff pethau'n strach, yn dyfe."

"Diolch, Joe," medd T, ei feddyliau'n dychwelyd at Mr Smith, ei landlord, yn cnocio ar ddrws ei fflat yn gynharach heddiw.

Ar ôl gorffen bwyta, ffarweliodd T ac addo dychwelyd i weld Joe yn y dyfodol agos. Aeth Caradog a Dan gydag ef at y glwyd, gan ei chau hi y tu ôl iddo cyn i unrhyw anwariaid gael cyfle i fylchu. A'r nos yn dechrau cau, gwibiodd T yn ôl i ganol y ddinas, heb stopio tan cyrraedd ei stryd. Wrth agosáu at ei gartref, gallai weld silwét ei landlord yn aros amdano wrth y drws ffrynt, gyda dau fwystddyn yn gwmni iddo. Rheng flaen anghytbwys, ond effeithiol. Arafodd, heb wybod yn iawn beth ddylai wneud. Roedd ei holl eiddo yn y tŷ ac, er nad oedd hynny gyfwerth â llawer mwy na llond gwarfag o geiriach, roedd gwerth sentimental i ambell wrthrych.

Cododd ei landlord ei olygon wrth weld T yn pedlo heibio.

"Come here, ya Welsh prick!"

Gwaeddodd. Clywodd T draed trymion yn morthwylio'r tarmac tyllog y tu ôl iddo, ond ni edrychodd dros ei ysgwydd. Doedd dim angen gwneud; roedd yn llawer rhy gyflym iddynt ar ddwy olwyn. Ond, er ei fod yn ddigon chwim i ddianc rhag crafangau'r cewri, yn anffodus nid oedd yr un peth yn wir am y bwledi rwber a saethwyd ar ei ôl.

Clywodd T y ffrwydriadau.

BANG!

BANG!

Sŵn digamsyniol, a digon cyffredin yn y cyffiniau y dyddiau hyn. Yn reddfol, plygodd ei ben.

Clywodd y fwled gyntaf yn hedfan heibio; yr aer yn rhwygo fel papur lapio.

Teimlodd yr ail yn palu i gnawd croth ei goes chwith; y boen yn aruthrol a'i gydbwysedd ar chwâl. Brwydrodd i aros ar y march, gan wybod y byddai'r byd ar ben petai'n cael ei faglu. Clywodd fwled arall yn rhuo i'w gyfeiriad ond llwyddodd i droi'r cornel cyn cael ei daro eto.

Pedlodd yn wyllt tan iddo redeg mas o bwff, y gwaed yn llifo i lawr ei goes a chronni yn ei esgid, wrth sawdl ei droed. Stopiodd ar y bont ger y Bae a phwyso ar y canllaw. Edrychodd ar ei glwyf, yn rhyfeddu ar y llanast, ac yna'n ôl i gyfeiriad ei gartref. Ei gyn-gartref. Llyncodd yn galed mewn ymdrech i beidio ag wylo, ond methodd yn lân â chyflawni ei amcan.

2066: Y Forwyn Olaf

MAE PEN REBECCA'N teimlo'n oer yn fy nghôl. Ei gwallt yn denau a'i hanadl olaf yn agosáu. Sibrydaf eiriau cysurus yn ei chlust, er nad wyf yn siŵr a yw hi'n eu clywed. Codaf glwtyn o fwced gyfagos, a lenwais o'r ffynnon ar y ffordd i'r clafdy, fel y byddaf yn ei wneud bob dydd, a'i wasgu a'i osod ar dalcen y claf. Dyma fy mhrif ddyletswydd, fy mhrif swyddogaeth, o fewn y grŵp. Gofalu am y clwyfus. Yn fwy fyth ers i Siwan farw. Roedd Siwan yn nyrs. Cyn i'r bomiau gwympo. Cyn i'r byd ddod i ben. Gofalodd hi amdanaf i a Jacob ar ôl i mam farw. Yn wir, heb ei help, ni fyddai'r un ohonon ni wedi goroesi.

Cymerodd hi fi o dan ei hadain pan o'n i tua pymtheg oed, a fy hyfforddi i ofalu am yr anhwylus. Rhannodd straeon gyda fi o'r dyddiau cynnar yn y twneli. Roedd pethau'n llawer gwaeth bryd hynny. Collodd y Tad dros hanner cant o ddilynwyr o fewn blwyddyn i'r bomiau ffrwydro. Yn ôl Siwan, roedd hi'n wyrth bod cymaint wedi goroesi cyhyd, ac roedd yn diolch am hynny i'r Tad. Sa i'n cytuno â hynny, wrth gwrs, ond rhaid cyfaddef bod fy rôl fel nyrs yn rhoi cryn bleser i fi. Dim fy mod i'n mwynhau gweld pobl yn marw, ond o leiaf mae'n rhoi pwrpas i fy modolaeth a rheswm dros godi bob bore. Y peth gorau am y swydd yw ei bod wedi rhoi mynediad i mi i lyfrgell preifat y Tad; anrhydedd nad yw'n ymestyn i bob un o'i ddilynwyr. Yn ogystal â'r gwerslyfrau meddygol, agorwyd y drws at rai o glasuron llenyddiaeth ein cenedl. Cymru, hynny yw. Er nad yw'r endid yna'n bodoli rhagor. Dim ond fan hyn, o dan y ddaear. Ar ben hynny, ers i Siwan farw, fi yw'r unig un o'r dilynwyr sydd â'r hawl i fyned at y storfa feddyginiaeth. Gan mai gofal diwedd bywyd yw fy mara menyn, dysgodd Siwan fi sut i helpu'r cleifion i gyrraedd paradwys bach yn gynt, ac mewn lot llai o boen. Dyma gyfrinach fwyaf fy modolaeth, ond nid ydw i'n cytuno â dioddefaint diangen. Mae bywyd yn ddigon caled fel ag y mae hi yma.

Codaf gwpan o ddŵr at geg Rebecca a gwylio'i llygaid cymylog yn agor a chau. Mae'n ceisio siarad ond sa i'n gallu deall gair. Does dim dannedd ar ôl ganddi ac mae ei deintgig yn bydredig ac yn drewi. Mwythaf ei llaw esgyrnog ac estyn y botel o'r bag ar y gwely. Dyma'r elicsir a fydd yn difa'r boen ac yn helpu'r hen wraig i gysgu mewn hedd. Rhywbeth arall a ddysgodd Siwan i fi. Cyfuniad o fromid pancwroniwm a photasiwm clorid; cynhwysion cyffredin mewn unrhyw storfa feddygol. Yn ôl Siwan, ta beth. Mae'r bromid pancwroniwm yn achosi parlys di-oed, yn enwedig mewn unigolion sydd mor agos at ddiwedd eu bywydau, a'r potasiwm clorid yn gwneud i'r galon stopio curo o fewn munud neu ddwy. Marwolaeth urddasol a thyner mewn byd gerwin a didrugaredd. Agoraf y botel yn ofalus a gwthio'r chwistrell i'r hylif. Ar ôl llenwi'r tiwb, rwy'n ei wthio'n ofalus i geg y claf ac yn anelu'r moddion i lawr ei gwddf. Mwythaf ei gwallt wrth ei gwylio hi'n marw.

Yn wahanol i Rebecca, oedd yn hen ac yn barod i adael y byd, mae corff Ceridwen yn gorwedd ar wely cyfagos, wedi'i orchuddio gan liain. Bydd hi'n cael ei llosgi'n hwyrach heddiw. Rwy'n syllu ar amlinau ei chorff ond yn troi'n ôl at Rebecca, cyn i'r atgasedd godi i'r wyneb. Am wastraff.

Eisteddaf yno yng nghwmni'r meirw, gan deimlo'n gartrefol. Dyna ddiben fy mywyd, mwn. Nid yw'r Medelwr Mawr byth yn bell yn y byd hwn. Mae'n llechu yn y cysgodion, yn cadw llygad barcud ar bawb.

Ar y wal uwchben gorffwysfan Ceridwen, mae murlun mawr a gafodd ei beintio ddegawdau yn ôl. Mae'r paent yn plicio a'r lliwiau wedi pylu, ond gallaf gofio fel yr oedd yn ystod fy mhlentyndod. Ar ochr chwith y darlun, gwelaf y Tad fel dyn ifanc yn croesawu ei braidd i'r twneli. Mae'r ddelwedd yn fy atgoffa o'r anifeiliaid yn camu ar Arch Noa ym Meibl y Plant, ar wahân i'r taflegrau a'r ffrwydradau sydd wedi'u peintio yn y cefndir. Mae canol y murlun yn dangos fersiwn delfrydyddol o'n bywyd o dan ddaear. Cnydau'n tyfu, trwy ryw wyrth, a'r Tad yn gofalu am ei ddilynwyr fel dewin. Fel Duw. Yn darllen o'i lyfr, Y Llyfr, a'r goleuni'n trochi'r twneli. Ar ochr dde y murlun, gwelaf y praidd yn dilyn y Tad i'r nefoedd, yn esgyn Ysgol Jacob; ei broffwydoliaeth wedi cael ei gwireddu a ffydd pawb wedi cael ei chyfiawnhau. Rwy'n cofio syllu ar y llun am oriau pan o'n i'n ifanc. Nid clafdy oedd yr ystafell bryd hynny, wrth gwrs, ond dosbarth lle byddai'r plant yn dysgu am athrawiaeth y Tad. Ond heddiw, heb blant i'w pwylldreisio, mae unrhyw ryfeddod wedi hen ddiflannu. Rwy'n gwybod y gwir. Rwy'n gweld y rhagrith. Ond dwi ar fy mhen fy hun yn hynny. Bron.

Codaf ben Rebecca yn ofalus a'i osod ar y gobennydd. Golchaf fy nwylo yn y fwced, gafael yn y lamp olew ac agor y drws. Gwelaf Barac a Micah'n cerdded heibio, ar y ffordd i ystafell y Tad. Nid ydynt yn cymryd unrhyw sylw ohonaf. Yn wir, sa i'n credu iddyn nhw fy ngweld. Mae rhyw reddf yn gafael ynof a dwi'n penderfynu eu dilyn. Arhosaf iddynt ddiflannu i gysegrfan y Tad, a sleifiaf i'r storfa feddyginiaeth drws nesaf, gan agor a chau'r drws yn ofalus, heb wneud sŵn. Anelaf at ben pella'r storfa, tu hwnt i'r silffoedd dur rhydlyd a'r stoc lleihaol o foddion, a dod o hyd i'r plwg yn y wal yn gwbl ddidrafferth. Mae'r diolch am hynny unwaith eto i Siwan. Hi ddangosodd yr ysbiendwll yma i fi, a dwi wedi ei ddefnyddio'n aml dros y blynyddoedd i glustfeinio ar sgyrsiau a chynlluniau y Tad.

Yn gyntaf, rwy'n edrych trwy'r twll. Yn yr ystafell drws nesaf, gwelaf y Tad yn eistedd yn ei gadair. Mae golau'r lamp olew yn dawnsio yn y gwyll a'r cysgodion yn cofleidio'i fochau a'i farf. Does neb yn gwybod yn iawn faint yw ei oed. Mae rhai yn honni ei fod dros gant, ac eraill yn dweud ei fod yn anfarwol. Beth bynnag yw'r gwir, ma fe'n edrych yn hen iawn heddiw. Mae Barac a Micah'n eistedd ar ddwy gadair â'u cefnau ataf ac mae'n anodd clywed eu geiriau pan maen nhw'n dechrau siarad, felly dwi'n gosod fy nghlust yn erbyn y twll i wrando. Mae'r hyn rwy'n ei glywed yn fy ysgwyd at fy nghraidd.

"Un bag o reis sydd ar ôl," dechreuodd Barac.

"Sawl cilo?" gofynnodd y Tad.

"Llai na deg," atebodd Micah.

"Naw? Dau? Chwech? Faint?" gofynnodd y Tad yn ddiamynedd.

"Naw pwynt saith cilogram, i fod yn fanwl gywir," cadarnhaodd Barac, ac mae'r sgwrs yn dod i ben am ychydig. Dwi'n edrych trwy'r twll unwaith eto, ac yn gwylio'r Tad yn mwytho'i farf gan feddwl.

"Beth arall sydd ar ôl?" gofynnodd o'r diwedd.

"Dim byd o werth. Dau gilo o ffacbys, falle," atebodd Barac, ei lais yn crynu.

"A beth am y pry?" gofynnodd y Tad.

"Ma'r cyflenwad yn ddi-ben-draw, syr. Ond nid yw hynny'n ddigon i'n cynnal."

Mae'r tawelwch yn dychwelyd unwaith yn rhagor a thrwy'r twll gallaf weld y Tad yn meddwl yn ddwys, wrth i'w gadfridogion wingo yn eu cadeiriau. Mae ei lygaid ar gau a'r hen ddyn fel petai mewn llesmair. Mae munudau'n mynd heibio heb i unrhyw un yngan gair ac mae fy nghoes chwith yn dechrau mynd i gysgu, pinnau bach yn lledu ar ei hyd. Gwelaf Barac a Micah'n edrych ar ei gilydd a chodi eu hysgwyddau, ond aros sydd raid.

"Mae 'na si ar led bod adar yn y cyffiniau," medd Barac, ac mae llygaid y Tad yn lledu ar glywed hynny.

"Adar?"

"Ie. Brain i fod yn fanwl gywir."

Mae'r Tad yn ystyried y newyddion cyn ysgwyd ei ben.

"Mae hynny'n amherthnasol."

"Ond ni 'di bod yn bridio a bwyta trychfilod ers y cychwyn, syr."

Syllodd y Tad ar Micah a Barac.

"Rwy'n siŵr eich bod chi'ch dau mor gyfarwydd â minnau â geiriau Lefiticws."

Nodiodd y ddau eu pennau, gan ysgogi'r Tad i adrodd yr adnodau perthnasol.

"Llefarodd yr Arglwydd wrth Moses ac Aaron. Dyma'r adar sy'n ffiaidd i chi ac na chewch eu bwyta am eu bod yn ffiaidd…"

"Unrhyw fath o frân," cydadroddodd y cadfridogion ufudd.

"Yn union," cadarnhaodd y Tad, cyn ychwanegu, "Y mae unrhyw bryf adeiniog sy'n ymlusgo ar bedair troed yn ffiaidd i chi. Ond mae rhai pryfed adeiniog sy'n ymlusgo ar bedair troed y cewch eu bwyta. Y rhai sydd â chymalau yn eu coesau i sboncio ar y ddaear. O'r rhain, cewch fwyta unrhyw fath o locust, ceiliog rhedyn, cricedyn neu sioncyn y gwair…"

"Felly beth ddylwn ni neud, syr?" Mae Barac yn gofyn yn betrus, ei eiriau'n cecian wrth adael ei geg.

"Chi'n gwbod beth i neud. Chi wedi darllen fy ngeiriau. Fy ngweledigaeth. Fy mhroffwydoliaeth. Dyma arwydd. Dyma'r amser."

"Pan fydd y storfa'n wag, bydd hi'n amser mynd i gwrdd â'r Creawdwr."

Cydadroddodd Barac a Micah, fel bechgyn da.

"Yn union. Gwnewch y trefniadau. Ond peidiwch â dweud gair wrth neb."

Gwyliais y ddau gynghorydd trwy'r twll, yn codi a gadael yr ystafell, ond arhosais i yn gwmni i'r Tad, a'i wylio'n eistedd yn ei gadair yn myfyrio. Roedd e'n amlwg mewn hedd, hyd yn oed ar ôl clywed y newyddion, ond nid oedd hynny'n fy synnu. Wedi'r cyfan, dyma'r union fan lle y bu ei fywyd yn arwain ato. Torrodd gwên ar draws ei wefusau a llenwyd fy nghalon â chasineb pur. Roedd ei eiriau'n ddigon eglur, a ffawd ei ddilynwyr yn ddigyfnewid. Ond nid fe oedd yr unig un â chynllun.

Ar ddiwedd dydd, roedd dilynwyr y Tad, â fi yn eu plith, unwaith eto'n gadael y twneli ac yn cerdded yn araf, yn angladdol, at y cwrtil yng nghysgod y plas. Cyn fy amser i, roedd lifft yn arfer gwasanaethu ein cartref tanddaearol, ond rhaid oedd codi grisiau o graig pan beidiodd y cyflenwad trydan. Gair yn unig yw 'trydan' i fi, yn hytrach na chysyniad byw. Yn aros amdanom, mae cyrff Ceridwen a Rebecca, yn gorwedd ar ddwy allor bren. Ro'n ni'n arfer claddu'r meirw, tan i ni redeg mas o le. Mae'r dynion wedi bod yn brysur, yn casglu coed a thanwydd, a'r ddwy gelain yn gwisgo ffrogiau gwyn glân yn barod ar gyfer eu taith olaf. Mae'r nos yn cau, a'r awyr yn galeidosgop o liwiau. Sa i erioed 'di gweld unrhyw beth tebyg. Yn bennaf achos nad y'n ni'n cael gadael ein lloches danddaearol yn aml ar ôl iddi nosi. Ac nid fi yw'r unig un i gael fy llorio gan y lliwiau. Mae trwynau pawb wedi'u troi at y ffurfafen, a'r dorf gyfan yn dal ei gwynt fel un wrth weld ystlum yn hedfan dros ein pennau. Rwy'n ychwanegu'r creadur at y rhestr gynyddol o anifeiliaid fi 'di gweld dros yr wythnosau diwethaf ac, am eiliad, mae'r olygfa'n gwneud i fi anghofio fy nicter at farwolaeth ddiangen Ceridwen y diwrnod cynt. Ond dim ond am amrantiad hefyd.

Mae sibrydion y dorf yn tawelu pan mae'r Tad yn ymddangos yn ein plith, yn cerdded tu ôl i Barac a Micah i gyfeiriad y llwyfan; ill dau yn cario ffagl, y fflamau'n dawnsio yn y cyfnos, gan lesmeirio'r defaid addfwyn yn llwyr. Yn wahanol i weddill y dorf, sa i'n teimlo unrhyw beth ond atgasedd wrth ei weld. Wrth eu gweld. Dyma'r pwyllgor sydd eisoes wedi penderfynu ein ffawd, ond sydd heb yngan gair am eu bwriad wrth y darostyngedig.

Er na fyddai'r un ohonynt yn gwrthwynebu'r cynllun ychwaith. Fydden nhw i gyd yn barod i gwsg-gerdded tuag at ebargofiant. Dyna, wedi'r cyfan, yw unig amcan eu bodolaeth – cael gadael y ddaear ac esgyn i'r Nefoedd i ymgomio â'r preswylwyr yn eu hiaith eu hunain. Mae hynny'n gwneud i fi chwerthin. Ar y tu fewn. Ond nid yw marwolaeth yn destun digrifwch. Yn enwedig hunanladdiad ar raddfa mor fawr.

Gafaelaf yn llaw Jacob wrth fy ochr. Fe yw fy unig gynghreiriad yn y lle gwallgof hwn. Mae Olwen, sy'n wylo ryw bum troedfedd o 'mlaen i, ac sydd ar fin ffarwelio â'i ffrind gorau, yn dal i gredu; yn dal i weddïo ac i addoli. A hynny hyd yn oed ar ôl i'r Tad dorri ei thafod i ffwrdd. Y gwir yw eu bod nhw i gyd fel mynachod. A fi, mwn. I raddau. Maen nhw'n derbyn gair Duw – y Tad yn yr achos hwn – heb gwestiynu. Sdim lot o siarad yn digwydd 'ma. Sneb yn trafod eu credoau. Sneb yn dadansoddi'r efengyl. Yn bennaf achos byddai'r tyllau yn cael eu hamlygu ar ôl brawddeg neu ddwy. Maen nhw i gyd yn bodoli. Does neb yn byw. Wrth gwrs, fi'n deall bod ffawd wedi chwarae rhan amlwg yn eu sefyllfa, ond mae'r Tad wedi mygu pob rhyddid, yn enwedig y rhyddid i feddwl droston ein hunain.

Mae'r Tad yn dechrau pregethu. Geiriau gwag am

'ryddid mewn marwolaeth'. Rhethreg ddisylwedd am 'fynd adref'. Mae'r dorf gyfan, namyn dau, yn sawru pob sill; eu llygaid yn llydan-agored, ond eu meddyliau o dan glo. Ar ôl gweddi sy'n para am oes, mae'r Tad yn nodio'i ben ar ei gadfridogion, sy'n camu at y coelcerthi ac yn tanio'r cynnud ar waelod y pentyrrau. Mae'r fflamau'n cydio ar unwaith a'r pren yn clecian, yn poeri ac yn hisian wrth losgi. Mae'r dorf yn gwbl fud wrth wylio dau aelod arall yn gadael ein byd. Cyn hir, mae aroglau cnawd yn coginio yn goglais pob trwyn. Nid fy mola i yw'r unig un sy'n grwgnach â chwant bwyd; er mai fi yw'r unig un o'r praidd sy'n gwybod nad oes digon o stoc ar ôl yn ein storfa i'n cynnal am wythnos arall.

2026: Yn y Dechreuad

MEWN LLESMAIR LLWYR, crwydrodd T strydoedd y ddinas ar gefn ei feic, y gwaed wedi dechrau ceulo bellach o'r briw uwchben ei bigwrn, ond y boen yn dal i'w feddiannu, gan effeithio ar ei gyfansoddiad yn gyffredinol.

Ymlwybrodd o'r Bae i gyfeiriad y ddinas, y tocsinau o'r tanau oedd yn llosgi yn y cyffiniau yn codi cyfog arno. Pesychodd. Dyfriodd ei lygaid. Cododd goler ei got dros ei drwyn a'i geg.

Clywodd ffrwydriad yn taranu.

Teimlodd y tir yn crynu.

Cynhaliodd ei gydbwysedd a chario 'mlaen.

Cododd sŵn seirenau, er na allai T weld y golau yn gydymaith iddynt.

Noson arferol arall yn y ddinas fawr ddrwg.

Roedd ei ben ar chwâl ac un cwestiwn syml yn troelli yn anfeidrol.

Beth yw'r pwynt? Beth yw'r pwynt? Beth yw'r

pwynt? Beth yw'r pwynt? Beth yw'r pwynt?

Rhydiodd trwy'r rwbel oedd yn drwch ar lawr y ddinas.

Anwybyddodd y llygod ffyrnig, a gwnaethant yr un peth iddo fe. Bwyd oedd ar eu meddyliau nhw, nid dyn ar gefn beic.

Ciledrychodd ar y gwehilion dynol wrth fynd heibio. Cyn y bleidlais, datblygodd y digartref i fod yn bla ar strydoedd y ddinas, yn cysgu yn eu sachau a'u pebyll mewn drysau siopau dros bob man. Ond os oeddent yn bla cyn y bleidlais, roeddent yn fwy niferus fyth erbyn hyn, yn ymgasglu ac yn cysgu mewn heidiau mewn ymdrech i gadw'n saff.

Gwawriodd ar T ei fod yntau yn awr yn un ohonynt.

Fflachiodd y dyfodol o flaen ei lygaid.

Barf anferth.

Cryndod.

Carpiau.

Newyn.

Afiechyd.

Marwolaeth.

Gwelodd y castell o'i flaen; y graffiti'n aneglur yn y tywyllwch. Ar wahân i ambell olau stryd, oedd yn dal i dywynnu trwy ryw ryfedd wyrth, roedd y ddinas o dan fantell y fagddu. Nid oedd T wedi arfer â hynny. Tueddai pawb oedd yn ddigon ffodus i gael lle i fyw gloi'r drws ar y byd tu allan pan fyddai'r haul yn machlud. Ond nid oedd hynny'n opsiwn heno. Byddai'r cyflenwad trydan yn mynd a dod, ond o leiaf roedd to dros eich pen. Ystyriodd ddychwelyd at Joe yn y plas, ond roedd y daith yn rhy bell ac yn rhy beryglus. Byddai'n wyrth petai'n cyrraedd yr ystad. Gallai fynd yfory yng ngolau dydd.

Trodd i'r chwith cyn cyrraedd y castell, ei goesau'n troi ond y beic yn crwydro'n gwbl ddigyfeiriad. Ar y chwith, i lawr stryd gul, gwelodd silwét sgerbwd yr hen glwb Cymraeg; un o brif gyrchfannau ei orffennol. Ei arddegau a'i ugeiniau cynnar yn benodol. Y clwb oedd un o'r llefydd cyntaf i gael ei chwalu a'i losgi yn dilyn y bleidlais, diolch i'w statws amlwg ymysg siaradwyr Cymraeg.

Cofiodd yr atgofion melys ag angerdd.

Cerddoriaeth fyw.

Lloriau gludiog.

Canu.

Chwerthin.

Meddwi.

Caru.

Atseiniodd geiriau gwladgarol yn ei ben.

Er gwaetha pawb a phopeth,
Er gwaetha pawb a phopeth,
Er gwaetha pawb a phopeth,
Ry'n ni yma o hyd.

Roedd e'n arfer casáu'r gân. Cyn y bleidlais. Pan nad oedd bygythiad i bobl fel fe. Ond, nawr, gyda'r byd yn agosáu at y pwynt berw, byddai'n clywed y geiriau yn ei ben yn feunyddiol. Bob tro y gwelai graffiti gwrth-Gymraeg neu glywed geiriau bygythiol.

Heb wybod yn iawn sut, cafodd ei hun yng ngerddi'r castell; gwerddon yng nghanol yr holl goncrit gynt. Ond nid lloches oedd y lle bellach; tir neb, yn llawn cysgodion. Nid oedd hyd yn oed y digartref wedi coloneiddio'r lle, ac roedd hynny'n siarad cyfrolau. Felly, beth yn y byd oedd T yn ei wneud yma yng nghanol nos? O gornel ei lygad, gwelodd rywbeth yn symud. Cadno? Gobeithio. Ymlaen â fe, ei lygaid yn agored led y pen a'i synhwyrau yn sïo.

Cofiodd ddod yma gyda Manon ar un o'u dêts cyntaf. Cyn y bleidlais. Cyn i'r coed ddechrau llwydo a'r glaswellt deneuo. Law yn llaw wrth yr afon. Ymlacio ar fainc yn gwylio crëyr glas yn pysgota yn y dŵr bas a chlywed cnocell yn curo yn y coed. Ond roedd yr adar wedi'i heglu hi erbyn hyn. A Manon hefyd.

Aeth ymhellach yn ôl i'w arddegau. Nosweithiau cyfan ar goll yn y coed, ar wibdeithiau seicadelig yng nghwmni ffrindiau da. Ffrindiau nad oedd wedi eu gweld ers degawdau. Ble roedd Griff, Gruff, Rhys, Osian a Gwion erbyn hyn? Wedi dianc, neu wedi talu'r pris eithaf?

Doedd dim ffordd o wybod.

Dyrnwyd T gan yr unigedd yn ei fol. Ar wahân i Joe, pwy oedd yn poeni amdano heddiw?

Ymlaen aeth T, yn ceisio anwybyddu'r gwagedd oedd yn gloddesta ar ei gallineb. Roedd yr afon ar ei ochr chwith, a'r llwybr caregog o dan ei draed wedi'i orchuddio gan fwswg a chwyn. Daeth at yr hen gaffi, oedd wedi adfeilio bellach. Cofiodd yfed coffi yno yng nghwmni ei gyn-gariad. Llenwodd ei ffroenau ag oglau ffa ei atgofion. Edrychodd tua'r ffurfafen a gweld Comed Read yn disgleirio trwy'r cymylau tywyll, yn goleuo'r ffigyrau oedd yn sefyll yng nghanol y bont, fel ellyll o hen chwedl tylwyth teg. Cyflymodd ei goesau er mwyn rhoi pellter rhyngddynt.

Galwai Manon arno o'r maestrefi, yn ei ddenu fel seiren at rwystredigaeth anochel. Neu waeth. Nid oedd erioed wedi teimlo mor unig, mor ynysig. Gwelodd gorff yn hongian yn llipa o goeden ar ochr y llwybr. Ac yna un arall. Ac un arall fyth. Roedd y sibrydion yn wir felly. Roedd y lle *yn* bodoli. Fel golygfa o ffilm arswyd. Fel golygfa o hunllef fyw. Clywodd gyfarth yn y prysgwydd, ac yna hisian hir a hunllefus. Trodd ei ben a gweld cadno a chath ar fin cwffio, a phan edrychodd unwaith eto o'i flaen, cafodd ei synnu'n llwyr gan yr hyn oedd yn aros amdano.

Wal o ffigyrau tywyll.

Gwasgodd y brêc ond doedd dim gobaith dianc.

Gafaelodd llaw yn ei war a'i godi oddi ar ei feic yn gwbl ddiseremoni. Gwingodd T ond ni ollyngodd ei geidwad ei afael.

"Hold still, you fuckin cunt!" Ffyrnigodd un o'r ffigyrau.

Camodd y mwyaf o'r drychiolaethau ato a gwelodd T ei lygaid yn pefrio yn y düwch.

"Where you goin' to, boy?" Poerodd.

"Home," atebodd T, ond roedd yr ateb cwta hyd yn oed yn ddigon i'w fradychu.

"You Welsh, boy?"

"No!" Gwadodd T ei hunaniaeth, mewn ymdrech ofer i achub ei groen.

"You sound Welsh as fuck, boy," atebodd yr arweinydd.

"*Proper* Welsh like," camodd un arall o'r ffigyrau ato, gan ddod â'i drwyn yn agos at wyneb T. Arogleuodd ef. Ei ffroenau'n agor led y pen.

"You *smells* Welsh."

"W-wh-what?" Ceciodd T, ei lygaid yn saethu i bob man, yn chwilio am ddihangfa.

"He's Welsh as fuck, brah. Just look at 'im."

"Check him. We can get good money for a live one."

"Hang on!" ebychodd T, ond doedd dim dianc i fod nawr.

Dad-sipiwyd ei got a thynnwyd ei grys. Safodd T yna'n fronnoeth, ei dethi cyn galeted â cherrig mân. Sgleiniwyd golau fflachlamp yn ei wyneb cyn i'r arweinydd gamu o'i gwmpas a gweld yr ysgrifen ar ei ysgwydd.

"Told you, boss! I can smell the fuckers a mile off."

Roedd hi ar ben. Roedd T wedi ei faglu gan ei famiaith.

"Give him his clothes back. We've got a long walk ahead of us."

"Where are you taking me?" gofynnodd T, ei eiriau yn crynu, a'r dagrau yn bygwth byrstio.

Gwyddai bod y diwedd yn agosáu.

Gwyddai na fyddai unrhyw un yn gweld ei eisiau.

"Shut the fuck up, Welshie. I don't want to hear another word from you. You fuckin' parasite."

"Can I burn him, boss?" gofynnodd un o'r lleill, gan ddal lamp losgi yn ei law.

"Don't touch him. We'll get more for him if he's intact."

"What about his bike, boss?"

Edrychodd yr arweinydd ar y beic yn gorwedd ar lawr.

"Leave it. It's a piece of shit."

Tynnwyd dwylo T y tu ôl i'w gefn a theimlodd raff yn clymu ei arddyrnau. Gwyddai fod y diwedd ar ddod, ac er yr ofn digyfaddawd, roedd rhan fach ohono yn falch hefyd. Datrysiad eithafol i'w ddigartrefedd. Ond datrysiad, o leiaf. Derbyniodd T ei ffawd. Nid oedd brwydro yn opsiwn iddo.

Ond, cyn i'r gatrawd fach a'u carcharor ddechrau ar eu taith, ffrwydrodd storom ddynol o'r cysgodion, gan lorio'r cipwyr mewn corwynt o ergydion. Safodd T yn llygad y storm, ei lygaid ar gau, heb syniad beth oedd yn digwydd. Clywodd ffrystio chwim y cleddyf, cnawd yn rhwygo a bonllefau o boen eithafol. Disgwyliodd yr ergyd olaf ond ni theimlodd unrhyw beth.

Agorodd T ei lygaid a gweld y cyrff yn gwasgaru yn ôl i'r cysgodion – rhai'n rhedeg ac eraill yn cael eu llusgo. Teimlodd bresenoldeb ei waredwr y tu ôl iddo. Clywodd ei anadliadau. Arogleuodd ei fwsg. Ai gobaith oedd y dyn yn ei gynrychioli, neu rywbeth gwaeth o lawer?

Torrodd y rhaff fel ateb i'w gwestiwn.

"T-t-ti'n i-iawn?" gofynnodd y llais, gan lorio T yn y fan a'r lle. Trodd i edrych arno a gweld dyn yn ei chwedegau yn sefyll o'i flaen; rhychau dwfn o amgylch ei lygaid clên a'i ddillad mor gyntefig â rhai'r dynion cyntaf i gerdded y ddaear.

"Chi'n siarad Cymraeg?" Roedd hi'n amhosib cadw'r syndod o'i lais.

"Sdim b-b-byd yn r-rong ar d-d-d-dy glustie di, 'te," anadlodd yn ddwfn wrth siarad.

"Nago's. A diolch. Am fy helpu i."

Ni allai T gredu ei lwc ac fe'i llenwyd â gobaith

mwyaf sydyn. Unwaith eto, clywodd Manon yn ei alw.

"D-d-er 'da fi. So hi'n s-s-saff f-f-fan hyn."

Cododd T ei feic ac, mewn tawelwch, dilynodd ei waredwr ar hyd y llwybr troed, i gyfeiriad y bont grog. Unwaith eto, fflachiodd atgofion yn ei ben. Y tro hwn, cofiodd wylio sipsiwn ifanc yn trochi eu meirch yn yr afon ar ddiwrnod chwilboeth o haf. Roedd Manon wrth ei ochr, yn llyfu hufen iâ.

"Ble ni'n mynd?" gofynnodd T, wrth gefnu ar y bont, oedd bellach yn deilchion ac yn hanner gorwedd yn y dŵr.

"G-g-gytre," daeth yr ateb, heb esboniad pellach.

Syllodd T i'r gwyll, yn siŵr iddo weld rhywun, neu rywbeth, yn symud yno. Yna, wrth ochr y llwybr, gwelodd T nifer o feddau cyntefig yn ymestyn i bob cyfeiriad i mewn i'r coed, gyda chroesau bach ar ben pob un. Crynodd ag arswyd wrth weld yr olygfa.

"Mynwent?" gofynnodd, heb ddisgwyl ateb. "Pwy y'n nhw?"

"S-s-s-sa i'n gw-gw-gwbod. Fi j-j-jyst yn c-c-claddu nhw."

"Claddu nhw?"

"Y b-b-bobl sy'n ll-ll-lladd 'u hunen. 'Na

b-b-ble o'n i'n mynd nawr, i gasglu'r rhai diw-diw-diweddaraf."

"Fuckin hel, faint ohonyn nhw sy 'na?"

"Fi 'di co-co-colli c-c-cownt, ond m-m-ma rhai ffres b-bo-bob nos."

Ymlwybrodd T ar ôl ei achubwr, gan adael y llwybr a phlygu ei ben o dan y llystyfiant. Ceisiodd ei orau i beidio â chamu ar y beddau, ond roedd hynny bron yn amhosib.

"Co ni," pwyntiodd y torrwr beddau o'i flaen, a gwelodd T babell yn sefyll yno, yn un gyda'r prysgwydd. Roedd hi'n amhosib dweud ble roedd y dail yn gorffen a'r cynfas yn cychwyn. Teimlodd T dinc o genfigen wrth ei gweld.

"T-t-ti moyn t-t-te?"

Eisteddodd T ar foncyff ac wrth aros i'r dŵr ferwi mewn sosban ar dân agored, cyflwynodd ei achubwr ei hun.

"P-p-peredur yw'r e-e-enw," ceciodd. Yn amlwg, roedd allan o bractis. "E-e-er nad oes n-n-neb wedi f-f-f-fy ngalw i'n h-h-h-hynny ers amser m-m-m-maith."

"Pam?"

"P-pam ti'n m-m-meddwl?"

"Sa i'n gwbod. Achos 'i fod e mor Gymraeg."

"Wel ie, yn a-a-amlwg. Ond ar b-b-ben hyn-n-n-ny, ti yw'r p-p-person cynt-t-t-taf i fi siarad g-g-g-gyda nhw'n iawn ers b-b-b-blynyddoedd. Ers i..." Nodiodd ei ben i gyfeiriad y bedd agosaf at y babell. Yr unig un â chofeb go iawn, yn hytrach na chwpwl o frigau mewn siâp croes. Yn y tywyllwch, roedd hi'n amhosib i T weld beth oedd wedi ei ysgrifennu arni.

Syllodd T ar Peredur a gwelodd y tristwch yn ei feddiannu. Arhosodd iddo barhau.

"Yr un c-c-cyntaf i fi g-g-gladdu."

"Pwy oedd e?"

"Siôn. Fy m-m-mab."

"Sori."

Nodiodd Peredur ei ben. Yna aeth ati i wneud dwy baned.

"C-c-co ti." Rhoddodd fŵg llawn hylif poeth i T.

"S'dim ll-ll-lla'th 'da fi."

"Dim probs."

"S'dim t-t-te 'da fi ch-ch-chwaith. Danadl p-p-poethion."

"Grêt," medd T, er nad oedd e erioed wedi blasu te o'r fath o'r blaen.

Eisteddodd Peredur mewn cadair, ei gleddyf wrth

law, a syllu ar ei ymwelydd. Chwythodd T ar ei baned, a theimlo braidd yn anghyfforddus o dan ei drem.

"Sdim rhaid i ti n-n-neud e, ti'n g-g-gwbod."

Synnwyd T gan y geiriau.

"Beth?"

"Ll-ll-lladd dy hun-a-a-an. 'Na'r rh-rheswm ti 'ma, n-n-nag y fe?"

"Dim o gwbl!" ebychodd T.

Tro Peredur oedd hi i gael ei synnu nawr.

"Be ti'n n-n-neud 'ma, 'te? S-s-sneb yn dod ar g-g-g-gyfyl y lle, fel a-a-arfer, yn e-e-enwedig yng nghanol n-n-nos. Ar wahân i'r rh-rh-rhai sy-sy-sy wedi c-c-cael digon, hynny yw."

"Fi ar fy ffordd i weld fy nghariad."

"O, gwed ti," medd Peredur, a gwelodd T olwg ddrwgdybus ar ei wep yng ngolau isel y tân.

"Ddim yn bell o'r eglwys gadeiriol," aeth T yn ei flaen, yr hanner-celwydd yn llifo'n ddiymdrech o'i geg.

"Wel ti'n m-m-mentro yn dod ff-ff-ffor hyn."

Ar y gair, rhwygodd sgrech aflafar trwy'r drysni. Cododd T, yn barod i'w heglu hi, ond arhosodd Peredur yn ei gadair, ei wên fel petai'n gwawdio'r ymwelydd.

"C-c-cath wyllt," esboniodd.

Eisteddodd T, ei galon yn curo'n wyllt a'i baned wedi'i thollti ar lawr.

"Fi j-j-jyst yn falch na fydd rh-rh-rhaid i fi dy g-g-gladdu di," medd Peredur, ar ôl gwylio T yn codi'r gwpan.

"Pam chi'n...?'"

"Claddu nhw?"

"Ie."

Oedodd Peredur cyn ateb, gan ystyried ei eiriau yn ofalus.

"Sneb arall yn mynd i n-n-neud, o's e? Ac ma p-pawb yn haeddu gorffwys mewn h-h-hedd. Hyd yn oed y rh-rh-rhai sydd wedi ll-ll-lladd eu hunain. Dyna'r unig le dwi'n anghytuno g-g-gyda'r Beibl."

Ni wyddai T sut i ymateb i hynny a daeth y sgwrs i ben am funud.

"Nag y'ch chi'n ofnus yn byw 'ma ar eich pen eich hun?" gofynnodd T, pan ddechreuodd y mudandod fynd yn ormod iddo.

"Dim erbyn hyn. Ond o'n i'n cachu brics am yr wythnosau cyntaf."

"Galla i ddychmygu."

"Y gwir yw sdim lot o bobl yn dod 'ma mwyach. Dim ers i fi ddymchwel y bont."

"Beth chi'n bwyta?"

"Ma d-d-digon o fwyd mewn c-coedwig, os ti'n gwbod b-b-beth ti'n neud."

Nodiodd T ar hynny, er nad oedd yn gallu uniaethu o gwbl. Banciau bwyd oedd ei heldir e, nid coedwig. Yn ei ben, gwelodd Caradog a Daniel Jac yn gwagio cefn lorri ar ystad Joe. Ffacbys. Reis. Mêl. Gwin. Bwyd i bara blynyddoedd, a hynny heb unrhyw ymdrech.

"T-t-ti 'di gweld maint rhai o'r wiw-wiwerod? Heb s-s-sôn am y ll-ll-llygod ffyrnig."

"Beth am y cŵn neu'r cathod?"

"Paid bod yn afiach!" Edrychodd Peredur ar T fel petai'n wallgof, cyn i wên ledaenu a datgelu ei ddannedd pydredig. "Sa i'n b-b-bwyta cŵn a-a-achos sa i moyn dechrau rhy-rhy-rhyfel gyda'r haid. Bydde dim g-g-gobaith 'da fi, 'na'r g-g-gwir. Mewn undod ma nerth."

"Beth am y cathod? Weles i un maint llewpart gynne fach."

"Falle mai llewpart oedd hi."

"Go iawn?"

Gwenodd Peredur ar naïfrwydd ei ymwelydd. "F-f-falle. Ond y p-prif reswm s-sa i'n bwyta c-c-cathod yw achos 'u bod nhw i gyd yn fy atgoffa i o R-r-rolf."

"Pwy?"

"Hen gwrcyn oedd yn b-b-byw gyda ni. Y teulu, hynny yw. C-c-cyn y bleidlais. C-c-cyn..."

Ystumiodd at y byd o'u cwmpas. Nodiodd T i ddangos ei fod yn deall. Yna eisteddodd y ddau mewn tawelwch. Roedd seirenau i'w clywed yn y pellter. Roedd petrol ar ôl i'r rheiny mewn pŵer. Unwaith eto, trodd meddyliau T at y lorri a welodd yn nhŷ Joe y prynhawn hwnnw. O ble ddaeth honno? Roedd Joe yn ddyn cyfoethog, felly roedd unrhyw beth yn bosib.

"Gei di a-a-aros fan hyn heno," cynigiodd Peredur.

"Diolch, ond bydd fy nghariad yn dechrau poeni."

"D-d-dwed di," medd Peredur, gan edrych yn rhyfedd ar T unwaith eto. "Ti moyn s-s-smôc cyn mynd?"

Ar ôl rholio a smocio yng nghwmni ei gilydd, tywysodd Peredur ei westai yn ôl at y llwybr, cyn gwylio T yn seiclo i ffwrdd, i gyfeiriad y gadeirlan. Er nad oedd T yn dweud y gwir am ei 'gariad', roedd Manon *yn* byw ger yr eglwys gadeiriol, mewn bwythyn bach ar lawnt y pentref. Lle delfrydol tu hwnt ar un adeg. Er bod yr holl ffensys trydan oedd yn amgylchynu'r eiddo wedi difa'r ddelwedd honno erbyn hyn.

Troediodd yn ofalus wrth agosáu, rhag ofn bod anwariaid yn crwydro yn y gymdogaeth. O bell, gwelodd fod golau ymlaen yn nhŷ Manon. Eisteddodd ar ei feic yng nghysgod y gofeb ryfel, gan syllu trwy'r ffenest, fel petai'n gwylio byd cyfochrog lle roedd unrhyw beth yn dal yn bosib. Roedd ar fin gadael, pan welodd hi'n dod i'r ystafell. Roedd ei gwallt wedi tyfu, ac yn tonni dros ei hysgwyddau. Ysai am alw arni, ond gwyddai na fyddai'n falch o'i weld, a hynny cyn i'w chariad newydd gamu i'r ystafell a gafael ynddi'n dynn. Gwelodd y wên ar ei hwyneb. Ceisiodd gofio a wnaeth yntau lwyddo i wneud iddi wenu yn yr un ffordd erioed.

Roedd T ar goll ym myd y beth os, i'r fath raddau na chlywodd y rhwyd yn cau amdano unwaith eto.

"Grab him!"

Grymialodd y llais, ond ni chafodd T ei faglu'r tro yma. Yn reddfol, gwthiodd ei feic i ffwrdd gan adael ei erlynwyr yn crafangu cysgodion. Ffrwydrodd yr adrenalin ac anelodd T am y ddihangfa agosaf – ali gul fyddai'n ei chwydu allan i'r ffordd fawr ar yr ochr draw. Â'r gwaed yn ei glustiau'n ei fyddaru, a'i lygaid yn cael eu tynnu tua'r ffurfafen, lle ymddangosodd Comed Read yn ei llawn ogoniant o du ôl i'r cymylau, ni chlywodd y seirenau yn agosáu.

Yn wir, ni welodd y car tan ei bod hi'n rhy hwyr.

2066: Y Forwyn Olaf

DIWRNOD ARALL. CLAF arall. Olwen y tro hwn. Ond sdim ffordd o iacháu tor calon. Dim gyda moddion, ta beth. Fi 'di hala'r rhan fwyaf o'r diwrnod yn ei chysuro yn y clafdy. Yn rhoi mwytha iddi wrth sibrwd geiriau gwag, ond geiriau cysurlon, yn ei chlust. Mae ei dillad yn drewi o fwg a'r croen sych gwelw ar ei braich yn pluo wrth i fi ei phawennu; gan droi'n ddwst cyn cwympo i'r llawr. Arhosodd fy chwaer gyda chelain ei ffrind gorau trwy'r nos, wrth i gnawd Ceridwen losgi'n ulw. Cafodd ei chario i'r clafdy ar doriad gwawr, yn mwydro'n ffwndrus, er nad oedd modd deall yr un gair, wrth gwrs. Er hynny, roedd hi'n ddigon hawdd dychmygu. Wedi'r cyfan, mae galar yn gydymaith cydnabyddus i ni gyd fan hyn. Fi 'di darllen iddi. Canu. Cofio. Adrodd straeon o'r gorffennol yn y gobaith o roi gwên ar ei hwyneb. Ond heb lwyddiant. Mae hi'n cysgu nawr; ei chorff yn hercian o bryd i'w gilydd wrth i'w hisymwybod ei thywys i bwy a ŵyr ble.

Ochr arall y drws, clywaf ruthr cyfarwydd fy nghydddilynwyr yn anelu am y ffreutur. Amser swper. Ond beth fydd ar ein platiau heno? Rwy'n gadael Olwen ar y gwely, ac yn dilyn y dwndwr. Fel arfer, mae Jacob wedi cadw lle i fi wrth ei ochr. Eisteddaf. Ar y bwrdd o 'mlaen mae powlen. Ynddi, gwelaf gornelyn o reis a phentwr o drychfilod. Locustiaid, ceiliog rhedyn neu ddau, cricedyn unig a sioncyn y gwair. Mae'r dogni'n gwbl amlwg i fi, diolch i'r hyn a glywais y diwrnod cynt, ond does neb arall fel petaen nhw wedi sylwi, a phawb yn bochio yn gwbl ddiarwybod. Codaf locust i fy ngheg a'i grensian, gan sawru'r blas cneuog. Yna cricedyn hallt. Dwi'n sawru pob llond ceg, ond mae fy mrawd wedi bochio'r cyfan heb oedi, heb wybod bod y storfa bron yn wag. Edrychaf o amgylch yr ystafell. Yng ngolau isel y canhwyllau, mae wynebau pawb o dan fantell a'r cysgodion yn cuddio'u nodweddion. Mae'r synau – y crensian a'r slochian – yn cael eu seinchwyddo diolch i'r waliau noeth. Rhaid i fi rannu'r hyn rwy'n ei wybod â rhywun ond dim ond artaith a chosb fyddai'n aros amdanaf petawn i'n dweud wrth bawb am yr hyn sydd i ddod. Mae mudandod casgliadol y criw yn fyddarol, er bod pawb yn bresennol ar yr eiliad hon. Wel, pawb ar wahân i'r Tad a'i brif swyddogion. Ys gwn i beth maen nhw'n ei fwyta heno? Â chymaint ohonom yn trigo yma, a dim un aelod newydd ers i fi a Jacob gael ein geni, yn anochel braidd, mae'r praidd yn cyflym deneuo. Dim ond deunaw ohonom sydd ar ôl erbyn hyn. Ac o fewn wythnos, dim. Fesul un, mae pawb yn codi ac yn gosod eu powlenni ar droli sydd wedi gweld dyddie gwell yng nghornel yr ystafell. Ry'n ni'n cymryd ein tro i olchi llestri, ac mae Jacob ar ddyletswydd heno. Mae fy mrawd yn codi, ond cyn iddo fy ngadael, rwy'n gafael yn ei law.

"Bedd Mam, pan ti'n barod," rwy'n sibrwd fy nghyfarwyddyd, er nad oes unrhyw un arall yma, ac mae Jacob yn nodio ei fod wedi deall.

O'r ffreutur i'r clafdy i weld shwt siâp sydd ar fy chwaer. Mae Olwen yn dal i gysgu, ei chorff yn llonydd bellach. Codaf garthen dros ei hysgwyddau a'i gadael hi 'na, cyn anelu am yr ystafell gysgu. Yno, mae ambell un yn chwyrnu ac eraill yn darllen yng ngolau cannwyll neu'n gweddïo yn y tywyllwch. Does dim cloc ar gyfyl y lle ac mae'r mwyafrif wedi hen anghofio sut i gadw amser. Yr unig reswm rwy'n gwybod ei fod yn bodoli yw achos i fi ddarllen amdano mewn llyfrau. Nid yw amser yn gysyniad yma a dweud y gwir. Un ai mae'n ddydd, neu fel arall mae'n nos. Er ei bod hi'n dywyll o hyd o dan ddaear. Mae'r diwrnod yn dechrau gyda brecwast ac yn gorffen gyda swper. Syml. Ac yn y canol, addoli, cysgu, darllen, gweddïo, galaru. Mae gan rai ohonom swyddogaethau penodol, fel fi yn y clafdy; tra bod eraill, fel Jacob, yn llenwi'r amser yn cerfio talismonau neu'n gwneud rhyw hobi arall dibwrpas i lenwi'r diwrnod. Mae'r sgyrsiau'n brin a sgiliau cymdeithasu'r mwyafrif wedi hen ddiflannu. Mynachod a lleianod yn aros am ddiwedd y byd. Does neb yn cymryd unrhyw sylw ohonaf ac felly gafaelaf mewn cardigan oddi ar fy ngwely ac anelu am y tir uwchben. Rwy'n sleifio i fyny'r grisiau, ac yn camu allan i'r nos. Mae'r tir yn oer ar fy sodlau noeth, lledraidd. Wrth gyrraedd y buarth, mae fy ffroenau'n plycio a lludw coelcerthi Ceridwen a Rebecca'n gysgodion o'r diwrnod cynt. Gwyliaf yn gegrwth wrth weld dau gadno'n rhwygo gweddillion un o'r meirw, cyn rhuthro i gyfeiriad y coed wrth synhwyro fy mhresenoldeb. Rhywogaeth arall i ychwanegu at fy rhestr.

Mae corff Mam wedi'i gladdu mewn llannerch yn nyfnderoedd y coed, ac yng ngolau'r lleuad, troediaf ar hyd llwybr cyfarwydd i'w chyfeiriad. Clywaf frigau'n clecian o dan draed yn y düwch, sy'n gwneud i guriad fy nghalon gyflymu, ond darbwyllaf fy hun mai'r llwynogod sydd gerllaw, yn fy llech-hela efallai. Ond sa i'n ofnus.

Yn wir, mae gwybod eu bod nhw yno yn fy llenwi â gobaith.

Rwy'n camu'n ofalus dros y beddau aneglur. Mae'r gwair a'r prysgwydd wedi hen orchuddio'r talpau mawnog, a'i gwneud hi'n anodd gwybod ble mae un yn darfod a'r nesaf yn dechrau. Ond fi'n gwbod yn iawn ble mae un Mam, am i fi a Jacob farcio'r union fan â chroes addurnedig y gwnaeth fy mrawd ei cherfio o foncyff derwen a gwympodd yn ystod storm rai blynyddoedd yn ôl. Yn ogystal â'r groes, mae catrawd o gerfluniau bach rhyfedd Jacob yn gwarchod bedd Mam. Wrth agosáu, gallaf deimlo'i henaid yn fy ngalw, yn fy nghyfarch â gwên gariadus, gynnes. Ni allaf gofio unrhyw beth amdani, ond rywffordd, rwy'n ei hadnabod yn well nag unrhyw un arall ar y ddaear, ar wahân i Jacob, wrth gwrs.

Mae'n noson fwyn, er y diffyg cymylau. Eisteddaf ar erchwyn ei gorffwysle a mwytho'r carped glaswelltog, fel y gwnes i gorff fy chwaer trwy gydol y diwrnod. Mae'r gwair yn sych o dan gledr fy llaw, felly dwi'n gorwedd 'nôl i syllu ar y ffurfafen. Trwy frigau'r coed, mae'r sêr yn disgleirio ac yn dawnsio, ac yna gwelaf rywbeth rhyfeddol sy'n mynnu fy sylw. I gychwyn, credaf mai seren wib yw hi, ond ar ôl ystyried y peth am eiliad, nid yw'r gwrthrych fel petai'n symud. Mae gan y seren hon – os yn wir mai seren yw hi – gynffon hir a disglair sy'n ymestyn am hydoedd ar ei hôl hi. Mae hi hefyd bron mor llachar â'r lleuad. Gorweddaf yno'n syllu arni; ei phrydferthwch a'i gogoniant wedi fy hoelio i'r fan a'r lle.

"Comed," daw llais fy mrawd o'r tywyllwch, gan hollti'r tawelwch a fy ysgogi i godi i eistedd.

"Beth?"

Mae Jacob yn ymuno â fi ar y llawr ac yn cydorwedd er mwyn gwylio'r olygfa ysblennydd uwchben.

"Comed."

"Beth yw comed?"

"Sa i'n gwbod. Ond dyna beth yw hi. Fi'n cofio darllen amdanyn nhw yng *Ngwyddoniadur y Plant* pan o'n i'n fach."

"O ie, fi'n cofio nawr. O't ti'n caru'r llyfr 'na."

"Sgwn i os ma fe dal 'ma'n rhywle?" gofynna Jacob yn hiraethus, gan fy chwipio'n ôl i lyfrgell y plant, cyn i'r stafell gael ei thrawsnewid yn glafdy. Ond, cyn ymgolli yn y gorffennol, gorweddaf yn ôl unwaith eto a gwylio'r gomed, gan gladdu'r atgofion yn ddwfn.

"Sa i 'di gweld dim byd fel 'na yn fy mywyd. Wyt ti?"

"Naddo. Dim gyda llygaid fy hun."

"Wow!" ebychaf, wrth weld seren wib yn fflachio heibio.

Mae Jacob yn rhoi ei fraich amdanaf a gorweddwn yno am sbel mewn tawelwch, ein cyrff yn twymo'i gilydd.

"Shwt siâp sydd ar Olwen?"

"Ddim yn dda."

"Yw hi'n mynd i farw?"

"Ni gyd yn mynd i farw, Jacob."

"Ti'n gwbod beth sy 'da fi."

"Ydw. Shwt o'dd dy swper di gyda llaw?"

"Iawn. Pam?"

"O'dd digon o reis 'da ti?"

"Sdim byth digon o reis i fi."

Codaf i eistedd a throi i edrych ar fy mrawd. Mae'r olwg daer ar fy ngwyneb yn ei lenwi â phryder mwyaf sydyn, ond fe hawlir ei sylw gan gadno, sy'n syllu i'n cyfeiriad draw ger y ffens derfyn dal.

"Beth yw hwnna?" mae'n gofyn, gan bwyntio at y creadur.

"So, ti'n gwbod beth yw comed, ond sdim clem 'da ti beth yw cadno?"

"Cau dy ben! Sioc, 'na gyd. Jiw-jiw. Ystlum neithiwr. Cadno heno. Beth nesa, eliffant?"

Pan dwi ddim yn chwerthin ar ei jôc, mae'n troi i edrych arnaf eto.

"Beth sy'n bod arnot ti, 'te?"

Dwi'n ystyried fy ngeiriau'n ofalus. Wedi'r cyfan, mae'r hyn dwi ar fin ei rannu gydag e'n mynd i chwalu ei ben yn rhacs, o ystyried y ffordd ma fe newydd ymateb i weld cadno.

"Ma'r storfa fwyd bron yn wag. Dyna pam nad oedd lot o reis heno."

Mae Jacob yn dawel am amser maith, wrth iddo gnoi cil dros y geiriau.

"Shwt wyt ti'n gwbod hynny?"

"Glywes i'r Tad yn trafod y peth gyda Barac a Micah ddoe."

"Beth am y trychfilod?"

"So nhw'n ddigon i'n cynnal ni ar eu pennau eu hunain. 'Na beth ddwedon nhw, ta beth."

"Beth arall glywest ti?"

Syllaf ar fy mrawd cyn ateb, gan feddwl yn ddwys am sut i rannu'r newyddion ag ef. Ond yn y pen draw, penderfynaf nad oes unrhyw bwynt ceisio lleddfu'r gwirionedd.

"Ma'r diwedd yn dod, Jacob."

Mae fy mrawd yn troi ei olygon tua'r ffens wrth i fy ngeiriau afael ynddo. Mae pawb sy'n rhan o'r grŵp yn gwybod am brif amcan y Tad, sef cyrraedd y Nefoedd er mwyn gwireddu ei weledigaeth, ei broffwydoliaeth, ac felly nid oes modd i fi wybod shwt bydd Jacob yn ymateb. Ond, nid yw'n cael cyfle i ateb, achos dwi'n gweld ei wyneb yn rhewi mewn syndod a'i lygaid yn pefrio yn y nos.

"Beth?" sibrydaf, yn llawn braw mwyaf sydyn.

"Paid symud," medd Jacob.

"Pam?"

"Ma rhywun yn sefyll ochr arall i'r ffens."

Trof fy mhen yn araf, yn ei chael hi'n anodd credu, ond does dim gwadu bod rhywun yno.

Merch ifanc oddeutu'r un oed â fi.

Ei llygaid marmor yn pefrio yn y fagddu ar gefnlen ddu ei chroen.

Penwisg dal ar ei phen a bwa yn ei llaw.

Unwaith eto, mae fy nghalon yn cyffroi a chledrau fy nwylo'n oerwlyb mewn amrantiad. Cymysgedd o gyffro ac ofn pur. Mae llaw Jacob yn gafael yn dynn yn fy mraich a dwi bron yn sgrechen mewn ymateb i'r boen. Bron. Yn ffodus, achos ein bod ni'n dau yn lledorwedd ar y llawr, yng nghanol y cysgodion, nid yw'r ferch yn gallu ein gweld. I gychwyn, yr unig beth y gallwn ni ei wneud yw syllu. Sa i erioed wedi gweld unrhyw un ochr arall y ffens. Mae'r Tad wedi gwneud pob dim yn ei bŵer i'n darbwyllo mai ni yw'r unig bobl sydd ar ôl ar wyneb y ddaear – y detholedig rai – ac mae'r mwyafrif wedi bod yn ddigon parod i'w gredu. A rhaid cyfaddef fy mod i hefyd wedi gwneud. Tan nawr.

Mae'r ferch yn symud i ffwrdd, ac mae Jacob yn troi a gorwedd ar ei fol. Dwi'n gwneud yr un peth.

"Beth ddylwn ni neud?" gofynnaf.

"Dilyn fi," yw ateb fy mrawd.

Fel dwy sarff sydd wedi magu dwylo, ni'n ymlusgo ar hyd y llawr ar ei hôl, cysgodion y coed yn ein cuddliwio. Yn reddfol, dwi eisiau dychwelyd i'r twneli, at gyfforddusrwydd cyfarwydd ein gwâl. Ond eto fyth, dwi eisiau gweiddi arni. Ymgysylltu. Cwestiynu. Mae el phresenoldeb yn fy llenwi â gobaith o'r newydd.

Mae 'na fyd y tu hwnt i'r ffens.

Mae 'na bobl.

Efallai bod 'na ddyfodol.

Â'n boliau ar un o'r beddau, clywaf duchan trwm yn agosáu, a rhaid bod y ferch wedi clywed hefyd, gan ei bod yn diflannu i'r düwch fel ysbryd trwy wal.

"Beth chi'n neud?" Mae llais Micah'n hollti'r llonyddwch ac mae fy nghalon yn codi gêr. Dwi'n chwilio am ateb, ond mae fy meddwl yn wag. Yn ffodus, mae Jacob yn fwy effro.

"Comed," mae'n ateb, yn troi ar ei gefn a phwyntio at y nef.

Mae Micah'n troi ei olygon tua'r sêr, yn gweld y gogoniant ac yn cwympo i'w bengliniau gan yngan gweddi o dan ei anal. Rwy'n gwneud yr un peth, er mwyn ategu geiriau fy mrawd, er mwyn darbwyllo Micah o fy ymroddiad.

"Arwydd wrth Dduw, Micah."

"Ie wir, Mair fach. Mae Ef yn ein galw."

Ac ar hynny, mae Micah'n codi ac yn ei heglu hi'n ôl i gyfeiriad y plasty, yn ein gadael ni yno yn syllu tua'r ffens unwaith eto. Ond nid oes arwydd o'r ferch yn unman. Efallai ei bod hi'n ein gwylio. Efallai ei bod hi wedi mynd. Ond does dim amheuaeth ei bod hi yno funud yn ôl. Dim amheuaeth o gwbl.

Clywn gyffro'n agosáu, ac yna gwelwn y Tad, Micah a Barac yn ymddangos o'n blaenau. Gallaf glywed sgyfaint yr hen ddyn yn gwichian, a rhaid iddo bwyso ar ei ddirprwyon cadarn i ailafael yn ei wynt. Yna, mae llygaid y tri yn troi i syllu tua'r wybren, a gwelaf ddagrau'n disgleirio ar fochau'r Tad.

"Comed Read! Comed Read!" mae'r Tad yn udo, wrth gwympo i'r llawr ac agor ei freichiau i gyfarch arwydd yr Arglwydd.

Ar ochr arall y ffens, gwelaf y ferch yn ein gwylio o'r coed. Mae ein llygaid yn cwrdd am hanner eiliad, ac yna mae'n diflannu, ac mae gobaith yn llenwi fy nghalon, er fy mod wedi fy amgylchynu gan wallgofrwydd pur.

2026: Yn y Dechreuad

AGORODD T EI lygaid, er nad oedd modd gweld dim. Teimlodd ei amrannau'n codi; mor araf, roedd fel petai glud wedi bod yn gollwng o'i ddwythellau dagrau. Heb rybudd, ffrwydrodd y panig a rhuthrodd y pryder trwy ei gorff, ar ras wyllt i herio ei gallineb. Ceisiodd godi ei law dde er mwyn sychu'r llysnafedd oedd yn ei atal rhag gweld, ond roedd ei freichiau fel plwm a'i arddyrnau fel einion. Agorodd ei geg i alw am gymorth, i sgrechen nerth ei ben, ond ni allai wneud yr un sŵn. Roedd ei lais, fel gweddill ei gorff, yn gwbl lesg. Ni allai hyd yn oed grawcian. Yn reddfol, gwyddai ei fod yn gorwedd ar ei gefn, yn bennaf achos gallai deimlo'r briwiau'n dychlamu a diferu rhwng ei groen a'r gynfas. Ceisiodd godi i eistedd, ond nid oedd ei gorff yn fodlon gwrando ar gyfarwyddyd ei gortecs. Caeodd ei lygaid unwaith yn rhagor, mewn ymdrech i geisio cadw'r ellyll draw. Am y tro. Gorweddodd yno'n gwbl ddiymadferth a gadawodd i'w feddyliau grwydro. Y peth diwethaf y gallai gofio oedd gwynt oer ar ei groen gwelw a chyrff yn hongian o goed. Ar hynny, agorodd ei lygaid, er nad oedd modd gwaredu'r delweddau. Trodd y düwch yn oleuni, diolch byth, er nad oedd hynny'n welliant mewn gwirionedd. Ni allai weld unrhyw beth o hyd. Ar wahân i'r niwl ac ambell wrthrych aneglur. Dim mwy na siapau annelwig ar ymylon ei isymwybod. Rhoddodd y gorau i geisio. Cysgodd.

Yn y purdan rhwng cwsg ac effro, teithiodd T i ben draw'r bydysawd a thu hwnt. Diolch i'w gefndir yn ysgrifennu nofelau ffug-wyddonol, roedd ei ben yn llawn delweddau ffantastig. Creaduriaid rhyfedd a dychrynllyd, a cherbydau dyfodolaidd heb lawer yn gyffredin â'r byd go iawn. Ac o ganlyniad, nid oedd angen corff ar T i deithio i'r sêr. Ond nid roced oedd ei gerbyd heddiw ychwaith; yn hytrach, comed. Datglymodd ei gorff oddi wrth ei gof tan fod dim ar ôl. Teimladau. Emosiynau. Greddfau. Dim cnawd. Dim poen. Dim pryder. Mewn amrantiad, gwelodd holl blanedau ein ffurfafen yn fflachio heibio, ac yna pob seren a phlaned a thwll du yng ngweddill y cyfanfyd. Nid oedd erioed wedi teimlo mor heddychlon, mor fodlon, mor rhydd. Mewn amrantiad arall, diflannodd yr holl ddelweddau. Roedd hynny'n ddigalon, ond taniodd gweddill ei synhwyrau, yn enwedig ei glyw, mewn pryd i glywed llais yn ei groesawu.

"Trefor Lloyd Lewis."

Roedd awdurdod y llais yn ddigamsyniol, a theimlodd T mor fach a dibwys yn ei gysgod, er na allai weld ei nodweddion.

"Ie," atebodd, ei lais yn wan heb awgrym o sicrwydd yn perthyn iddo.

"Nid gofyn oeddwn i, Mr Lewis, ond dweud."

Er na allai T weld unrhyw beth, gallai deimlo fel na theimlodd erioed o'r blaen. Yn wir, roedd y wefr y tu hwnt i deimlad. Y tu hwnt i unrhyw brofiad bydol. A'r tu hwnt i eiriau a fyddai'n gwneud cyfiawnder â cheisio'i ddisgrifio.

"Croeso," medd y llais anghorfforol, ac nid oedd T yn amau dilysrwydd y cyfarchiad.

"Diolch. Ble ydw i?"

"Gartref."

"Be, Caerdydd?"

Chwarddodd y llais ar hynny, y cariad yn atseinio ar hyd yr oesoedd a thrwy'r galaethau i gyd.

"Na, dim Caerdydd."

"Cymru, 'te?"

Oedodd y cyfarchwr cyn ateb, a theimlodd T y gofod difancoll yn agor a chau rhyngddynt cyn iddo barhau.

"Mae nifer o enwau ar yr hen le 'ma. Mae'n dibynnu'n llwyr o ble chi'n dod."

"Fi'n dod o Gymru."

"Dwi'n gwbod hynny, Trefor."

"Plis, galwch fi'n T."

"Ti'n gweld, ma mwy nag un enw gyda ti hyd yn oed."

"A phwy y'ch chi?"

"Mae gen i nifer o enwau hefyd."

"Fel beth?"

"Ble ti moyn i fi ddechrau, dwed? Ma rhai yn fy ngalw i'n Shemayon Keppa, ac eraill Shim'on bar Yona. Ar ben hynny, dw i'n ateb i Petros, Petrus, Simeon, Shimon, Seimon ap Jona, Cephas, Keipha, Peter a Pete. Ymysg eraill, yn dibynnu o ble chi'n dod. Ond gei di fy ngalw i'n Pedr."

"Fi'n gwbod ble ydw i nawr!" ebychodd T yn llawn llawenydd, ond dyna oedd diwedd y sgwrs.

Dihunodd unwaith eto mewn gwely. Yr un gwely? Ni allai fod yn siŵr. Agorodd ei lygaid yn araf, ond tywyllwch oedd yn aros amdano eto fyth. Er hynny, teimlodd gynhesrwydd anghyfarwydd yn llosgi'n ddwfn ynddo; rhyw ddaioni nad oedd erioed wedi ei brofi o'r blaen. Ni wyddai ai breuddwyd, gweledigaeth neu brofiad ben talar a gafodd, ond arhosodd y teimlad twymgalon ym mêr ei esgyrn a'r geiriau yn ei gof, wedi'u hysgythru yno fel neges y goruchaf ar lechen o lethrau Mynydd Sinai.

Cwympodd i gysgu unwaith eto, yn hapus ei fyd, er gwaethaf y ffaith nad oedd yn gallu symud ei gorff na gweld dim byd.

Y tro nesaf iddo agor ei lygaid, roedd y niwl wedi gwasgaru fymryn a ffigwr cawraidd yn sefyll wrth ochr y gwely. Plygodd lawr a sychu talcen y claf gyda chadach llaith.

Gwingodd T mewn pleser. Ceisiodd siarad, ond ni allai yngan yr un gair.

"Croeso'n ôl."

Roedd llais Caradog fel sidan ar groen, neu eli'n eneinio'i greithiau, a'r dŵr a arllwysodd i geg T fel neithdar y Nefoedd ar ei wefusau crimp. Ar ôl gwneud, gadawodd yr ystafell gan addo dychwelyd cyn hir.

Cysgodd T drachefn, er na ddychwelodd at ei ffrind newydd ym mhen draw'r bydysawd. Yn hytrach, dechreuodd gynllwynio a chynllunio, wrth i syniad egino yn ei isymwybod.

Pan agorodd ei lygaid nesaf, gwelodd Joe yn eistedd wrth ochr y gwely, gwên lydan ar ei wyneb rhychog. Nid oedd T erioed wedi bod mor hapus i'w weld. I weld unrhyw un, mewn gwirionedd.

"Wel, wel, wel," gafaelodd yn llaw T a'i gwasgu'n dyner.

"O'n i'n meddwl dy fod ti wedi'n gadael ni am byth, gw boi."

Ceisiodd T ofyn cwestiwn, ond nid oedd ei lais wedi dychwelyd cweit mor gyflym â'i olwg.

"Paid dweud dim, T bach. Gorffwysa. Gewn ni ddal lan pan ti'n teimlo'n well. Ma digon o amser 'da ni. Gei di aros 'ma am byth, gw boi. Neu o leia tan ti'n barod i adael."

Dros yr wythnosau nesaf, daeth Joe i'w weld bob dydd, gan eistedd am oriau yn darllen iddo. Newyddion, ffuglen, barddoniaeth, cyfweliadau, erthyglau. Beth bynnag oedd ganddo wrth law, neu weithiau gyfrol benodol o'i lyfrgell bersonol. Pob detholiad a darn yn helpu i danio'i ddychymyg ac adfer ei gyfansoddiad. Trwy hynny, dysgodd T ei fod wedi dihuno mewn byd mwy eithafol fyth. Byd enbyd,

byd ar dân; lle mae'r Medelwr Mawr yn llechu yn llwch y llyfrau. Tra cynorthwyodd Joe ei ymennydd, gofalodd Martha a Caradog ar ôl ei gorff. A thrwy'r cyfan, roedd stori'n ffurfio ym mhen y claf. Y stori orau iddo feddwl amdani erioed. Ysai am gael nodi'r manylion, ond nid oedd yn ddigon cryf i ddal ysgrifbin er mwyn gwneud hynny. O ganlyniad, byddai'n rhaid iddo ddibynnu ar ei gof.

Yn ogystal â'r llenyddiaeth, tywysodd Joe y claf trwy fanylion y tri mis diwethaf. Y ddamwain. Yr esgyrn toredig. Y peiriant cynnal bywyd. Y coma. Yr anobaith cychwynnol. Y gobaith cynyddol ar ôl iddo ddihuno o'i drwmgwsg. Y frwydr gyda'r ysbyty i'w symud i gartref Joe er mwyn gwella. Ni allai T gofio unrhyw ran o'r stori. Roedd y gwagle a'r ansicrwydd yn ei wawdio ar adegau, ond eto'n cynnig rhyw fath o gysur iddo ar yr un pryd. Ar un llaw, nid oedd *eisiau* cofio'r boen a'r dioddefaint, ond ar y llaw arall, roedd y gwacter yn gwneud iddo deimlo'n anghyflawn rywsut.

Roedd ei esgyrn wedi gwella, ond byddai angen cymorth ar ei gyhyrau i gryfhau, ac i'w helpu i ailafael yn ei allu i gerdded.

Daeth y cymorth corfforol ar ffurf ffisiotherapydd

o'r enw Mererid. Cymraes o'r ddinas oedd yn darparu gofal i gleifion preifat yn unig erbyn hyn, gan fod y gwasanaeth iechyd cyhoeddus wedi dod i ben. Un o sgileffeithiau mwyaf echrydus y bleidlais, heb os. Yn enwedig oherwydd bod cymaint o bobl mewn gwir angen erbyn hyn. Ond, hyd yn oed mewn byd ar chwâl, roedd cyfoeth yn dal i reoli. A diolch i Joe, roedd gobaith y byddai T yn gwella'n llwyr. Heb ei help, byddai'n siŵr o fod wedi cael ei gladdu bellach.

Dychwelodd ei lais mewn cytgord â'i gryfder, a phrofodd Mererid i fod yn ddewines yn ei maes arbenigedd.

O fewn diwrnod, cerddodd T o'r gwely i'r ffenest, lle treuliodd orig fach yn syllu ar y byd tu allan. Roedd y coed yn wyn dan orchudd yr eira, er bod yr ystafell mor gynnes â'r Caribî, diolch i'r gwresogydd trydan wrth droed y gwely, oedd ymlaen yn barhaus diolch i generadur y plasty.

O fewn wythnos, roedd yr eira wedi dadmer a T wrth ei fodd yn cael camu i'r awyr iach am y tro cyntaf mewn pedwar mis. Crynodd i gychwyn, wrth i'r oerfel afael ynddo'n dynn, ond gydag anogaeth Mererid, llwyddodd i gyrraedd y modurdai ar y cynnig cyntaf.

Trwy'r cyfan, roedd ei ddychymyg ar dân a'r darnau

yn dal i lithro i'w lleoedd. Gyda'r nos, ar ôl i Mererid ffarwelio am y dydd ac ar ôl i Martha ei fwydo, aeth T ati fel dyn o'i gof i blotio a rhoi trefn ar ei gampwaith eginol.

Un dydd, ar ôl i'r gaeaf droi'n wanwyn unwaith yn rhagor, gwyliodd T ddwy lorri'n cael eu gwagio ger y modurdai. Roedd bellach wedi ffarwelio â'i wely yn ystod y dydd ac wedi ymgartrefu mewn cadair gyfforddus yn y ffenest fae. Roedd un lorri'n llawn bwyd a nwyddau domestig. Mwy o ffacbys a reis tragwyddol, yn ogystal â bocsys di-rif o ganhwyllau gwyn ac olew i gynnau lampau, tra roedd y llall yn llawn meddyginiaeth. Rhaid oedd edmygu blaengaredd Joe, a diolchodd T ei fod yn cael aros yma. Y fe fyddai ar flaen y ciw petai'n rhaid dianc i'r twneli er mwyn cysgodi rhag diwedd y byd.

"Alla i fenthyg gliniadur, chi'n meddwl?" gofynnodd T wrth Joe y tro nesaf i hwnnw ddod i'w weld. "Ma gen i syniad am stori."

Edrychodd Joe arno'n llawn edmygedd. O am gael esgyrn creadigol, meddyliodd. Fel carwr cerdd na allai ganu, roedd Joe yn hyrwyddwr llenyddol heb y gallu i rannu ei weledigaethau trwy gyfrwng geiriau. Ni allai Joe beidio â theimlo'n euog am yr hyn ddigwyddodd i T, ac felly byddai'n gwneud pob dim yn ei allu i hwyluso ei reddfau creadigol.

Dros yr wythnos nesaf, chwydodd T y stori i sgrin y gliniadur mewn llesmair llwyr, fel petai ei feddyliau'n cael eu llywio gan bŵer uwch nad oedd modd ei ymgyffred. Nid oedd un o'i nofelau blaenorol wedi dod mor hawdd. 'Iaith y Nefoedd' oedd teitl y nofel, oedd yn adrodd hanes awdur nofelau ffug-wyddonol aflwyddiannus o'r enw 'T' oedd yn cael damwain ffordd, cyn 'marw', mynd i'r nefoedd a dychwelyd i rannu newyddion da o lawenydd mawr gyda'r byd. Y newyddion mawr oedd bod *pawb* yn siarad Cymraeg yn y Nefoedd: Duw, Iesu, yr apostolion, yr angylion, y seintiau... hyd yn oed y Saeson. Roedd gweddill y nofel yn ymwneud â 'T' yn newid ei ffordd o fyw er mwyn sicrhau y byddai'n cael dychwelyd i'r Nefoedd pan fyddai ei amser yn dod.

Ar ôl gorffen ei hysgrifennu, roedd T mor hysbyddedig nes iddo gysgu am ddeuddydd yn ddiwyro. Ar ôl iddo ddihuno, cyffrôdd y pilipalod yn ei fogel; yr ysfa i weld beth yr oedd wedi ysgrifennu bron yn ddigon i'w lorio. Ond, cyn cychwyn darllen, rhaid oedd llenwi ei fol rhag iddo lewygu. Adferodd sgiliau arlwyo Martha yr awdur yn gwbl ddiymdrech, a chiliodd T i'w ystafell unwaith eto, lle eisteddodd yn ei gadair a mynd ati i ddarllen.

O fewn teirawr, roedd T wedi gorffen y gwaith. Nofela fach oedd y llyfr wedi'r cyfan. Rhyw dri deg mil o eiriau, os hynny.

Ei reddf gyntaf oedd crio. Beichio a diawlio oherwydd ei fod mor siomedig â'r gwaith.

Ei ail reddf oedd dileu'r cyfan a dechrau eto. Ond yn ffodus, meddyliodd ddwywaith am wneud hynny.

Yn olaf, penderfynodd gamu'n ôl a mynd am dro, i weld a fyddai ei deimladau'n pylu o gwbl o ganlyniad.

Gadawodd y tŷ a chrwydro'r ystad, haul y gwanwyn yn gynnes ar ei groen gwelw. Daeth ar draws mynwent yng nghanol y coed. Tri bedd. Teulu Joe. Mam, Dad a brawd. Wrth sefyll yno'n syllu ar eu henwau, trodd ei feddyliau at ei rieni ei hun, gan ddiolch unwaith eto na fuon nhw fyw i weld cyflwr y byd cyfoes.

Cafodd sgwrs â Caradog ar y ffordd yn ôl i'r tŷ; y cawr yn brysur wrthi'n carto carthenni i grombil y ddaear.

Wrth gyrraedd yn ôl i'w ystafell, cafodd sioc o weld Mererid yn eistedd yn ei gadair gyfforddus, y gliniadur ar ei chôl a dagrau yn llenwi ei llygaid.

"Sori," ymddiheurodd hithau, gan godi ar ei thraed a gosod y ddyfais ar y bwrdd.

"Beth ti'n neud?" holodd T, er bod hynny'n hollol amlwg.

"Gofynnodd Joe i fi ddod i'ch gweld. I weld os o'dd angen help arnoch chi. Ar ôl..."

"Fi'n iawn, diolch, Mererid."

"Sori," ailadroddodd y therapydd.

Edrychodd T arni. Roedd hi'n fenyw brydferth, tebyg iddo yntau o ran oed. Gwallt du, heb lwyd yn agos ato. Llygaid glas llachar ar wyneb gwelw, gwyn. Er, i fod yn deg, roedd wynebau pawb yn welw bellach. Disgleiriodd y dagrau ar ei bochau.

"Pam ti'n crio?"

"Sori."

"Plis paid ymddiheuro. Jyst ateb y cwestiwn, a phaid dal 'nôl."

Gwyddai T o brofiad fod chwaeth bersonol yn gallu meddwl bod stori echrydus un person yn gampwaith i rywun arall. Dyna'r unig ffordd o esbonio gyrfa rhai o'i gyfoedion. A'i un yntau, wedi meddwl. Roedd chwaeth lenyddol mor oddrychol, a gobeithiai fod dagrau Mererid yn ddilys, yn hytrach na'u bod nhw'n adlewyrchu ei reddfau yntau mewn perthynas â'r stori.

"Dim ond rhuthro trwyddo fe 'nes i. Er i fi ddarllen y darn yn y canol…"

Y freuddwyd.

Ei weledigaeth.

Pedr.

"So pam ti'n crio? Oedd e mor wael â hynny?"

"Dim o gwbl!"

Gwenodd T, gan ei gwahodd i fynd yn ei blaen.

"Sdim gobaith ar ôl, o's e?"

"Beth?"

"Y byd 'ma. Y wlad 'ma. Y boms. Y bygythiadau, ta beth. Heb sôn am ein sefyllfa ni fel Cymry."

Syllodd T ar y therapydd. Roedd yntau wedi byw mewn bybl bach yn y plasty ers dihuno o'i drwmgwsg, a bron wedi colli pob cysylltiad â'r byd go iawn. Y byd lle trigai Mererid o hyd. Ar yr un llaw, roedd mor hapus fod ei eiriau wedi effeithio arni yn y fath ffordd; ac ar y llall, roedd eisiau mynnu ei bod yn aros yma gyda fe, yn niogelwch cymharol cartref Joe.

"Cer 'mlaen," prociodd.

"Mewn byd llawn anobaith a thywyllwch, mae'r golau gwannaf yn disgleirio'n llachar."

Ysgydwodd T ei ben arni, heb wybod yn iawn beth oedd hi'n ceisio'i ddweud.

"Ma'ch geiriau chi'n cynrychioli gobaith, Mr Lewis. Rhywbeth prin iawn yn y byd yma."

A gwawriodd y gwir trwy ei geiriau. Gallai T weithio ar wella cynnwys y nofela, ond roedd y neges yn siarad drosti ei hun.

2066: Y Forwyn Olaf

D W I A Jacob yn dychwelyd i'r ystafell gysgu, gan adael y Tad a'i gynghorwyr yn y gwyll, yn y goedwig, ar eu pengliniau yn gweddïo ac yn gorfoleddu; eu llygaid a chledrau eu dwylo wedi'u troi tua'r sêr, eu geiriau yn clodfori gogoniant yr Hollalluog ac yn diolch iddo am anfon arwydd atynt, cadarnhad o ddilysrwydd eu bodolaeth a'u hamynedd dros y blynyddoedd. Wrth gwrs, hyd yn oed i anffyddiwr fel fi, does dim modd gwadu mawredd yr hyn sydd wedi ymddangos fry uwchben, ond mae ymateb y tri gŵr annoeth braidd yn eithafol, yn enwedig o gofio beth glywes i'n cael ei drafod y diwrnod o'r blaen. Dyma'r golau gwyrdd oedd angen arnynt ac mae gweithred olaf y grŵp yn fwy anochel byth o ganlyniad.

Yn dawel bach yng ngolau cannwyll, ry'n ni'n sleifio at ein gwelyau. Mae pawb arall yn cysgu'n braf, heb wybod dim am yr hyn sydd yn eu disgwyl yn y dyfodol agos. I gyfeiliant chwyrnu anghyson ac ambell rech, rwy'n cau fy llygaid ac yn aros i gwsg fy nghofleidio. Heno, rhaid aros am beth amser. Mae fy mhen yn llawn cwestiynau a phosibiliadau, a'r oll yn arwain yn ôl at y ferch ar ochr arall y ffens. Er gwaethaf ymateb a darogan y Tad, rwy'n gwybod bod y gomed sydd wedi ymddangos yn yr awyr yn bell tu hwnt i'n cyrraedd. Rhith yw hi a dweud y gwir, dim mwy na hynny, un sy'n bodoli filoedd, os nad miliynau o flynyddoedd goleuni i ffwrdd. Ond mae'r ferch ar y llaw arall yn gwbl real ac o fewn cyrraedd. *Hi* yw'r arwydd rydw i wedi bod yn aros amdano, nid ffenomen yn y ffurfafen. Mae ei phresenoldeb yn cadarnhau bod 'na bobl y tu hwnt i'r twneli, ac mae hynny'n ddigon i fi.

Yng nghanol nos mae'n dod i fy nghasglu. Agoraf fy llygaid a dyna hi, yn hofran uwchben fy ngwely. Mae'n gwenu arnaf ac yna'n estyn ei llaw. Gafaelaf ynddi ac i ffwrdd â ni. Allan o'r twneli, dros do'r plas a chopa miniog y ffens derfyn. Dros frigau'r coed a thoeon hen ddinas ddrylliedig, i gyfeiriad y môr. Ar y glannau, mae'r tywod yn goglais fy ngwadnau a'r tonnau'n trochi fy nhraed. Mae'r wefr yn iasol ac oerfel y dŵr yn fy iacháu. Trwy'r cyfan, nid yw'r ferch yn gollwng fy llaw, ac mae hynny'n gwneud i fi deimlo'n gwbl ddiogel. Mewn amrantiad, mae'r lli yn diflannu, ac o nunlle mae torf yn ymddangos. Heb air o esboniad, rwy'n gwybod yn reddfol mai dyma dylwyth fy nghydymaith. Mae'n fy nhywys i ganol ei theulu; llygaid pawb yn syllu, ond croeso sydd yn eu canhwyllau, nid casineb na bygythiad o unrhyw fath. Mae coelcerth yn llosgi yng nghanol y llecyn; y fflamau'n dawnsio gan droi'r gwreichion yn sêr gwib o flaen fy llygaid. Gwelaf gadno'n rhostio ar y tân, ac yna cymeraf lond ceg o gig, a rhyfeddu at y blas. Dihunaf gyda'r poer yn rhaeadru o gornel fy ngheg a fy moch wedi ei gludo at y gobennydd. Gobeithiaf yn arw nad ydw i wedi bod yn siarad yn fy nghwsg. Edrychaf o amgylch yr ystafell yn betrusgar, ond nid oes unrhyw un yn syllu arnaf yn gyhuddgar o'r lled-dywyllwch parhaus.

Ar ôl brecwast llwm yng nghwmni fy mrawd – llond powlen o drychfilod ac ysgeintiad o rawn sych – dwi'n mynd i'r clafdy. Nid oes golwg o Olwen yn unman a dwi'n tynnu'r dillad oddi ar y gwelyau ac yn anelu at y ffynnon danddaearol i'w golchi â llaw. Mae'r cyflenwad sebon yn isel iawn hefyd, er nad oes ots am hynny, o gofio cynllun y Tad. Rwy'n ymgolli yn y dasg ac yn gadael i fy nychymyg fy nhywys y tu hwnt i'r ffens. Mae breuddwyd y noson gynt yn dryllio ac yn ailffurfio drosodd a throsodd yn fy mhen wrth i fy nwylo sgwrio'r llieiniau o waddol y meirw diweddar. Dilynaf y ferch unwaith eto, y tro hwn ar lawr gwlad. Trwy'r coed trwchus at bentref cyntefig ar lannau llyn anferthol, sy'n ymestyn tu hwnt i'r gorwel. Mae copaon gwyn y mynyddoedd sy'n ein hamgylchynu yn cofleidio'r cymylau llwyd, a phelydrau'r haul yn torri trwy'r anwedd ac yn achosi i enfys ymddangos fel bwa rhwng y bryniau. Unwaith eto, caf groeso cynnes gan y tylwyth a llond bol o fwyd. Bara. Cig cynnes. Llysiau. Llaeth. Yn ôl yn y twnnel, mae fy mol yn grwnial mewn ymateb i ddanteithion fy isymwybod, i'r fath raddau nad ydw i'n clywed Barac yn ymuno â fi yn yr ogof laith.

"Mair," mae ei lais yn tarfu ar fy mhensyniadau ac yn fy nhynnu'n ôl at lan y ffynnon. Mae fy nwylo'n gwegian o dan ymdrech fy ngwaith, ac mae'r dillad gwely'n barod i'w sychu yn y gwynt.

"Barac," cydnabyddaf ei bresenoldeb a throi ar fy mhengliniau i'w wynebu.

Rywffordd, mae ei nodweddion yn ysgafnach heddiw, a gwên i'w gweld ar ei wefusau. Yn amlwg, mae'r hen ffŵl wedi ei gyffroi gan yr 'arwydd' fry uwchben. Dychwelaf ei sirioldeb, gan gofio bod rhaid i fi chwarae rhan. Ers blynyddoedd, dwi 'di bod yn cuddio fy ngwir gredoau rhag gweddill y grŵp, ac nid yw'r mwgwd yn mynd i lithro nawr. Tan neithiwr, roedd hi'n anodd dychmygu bywyd y tu hwnt i'r caeadle hwn, ond mae'r helwraig ifanc wedi agor drysau nad oeddwn yn gwybod eu bod nhw'n bodoli, ac nid oes modd eu cau nhw nawr.

"Dymuna'r Tad dy weld," mae ei eiriau'n fy llusgo'n ôl at fore fy mhen-blwydd yn dair ar ddeg oed, ond peth hawdd yw claddu'r atgofion heddiw. Nid ydw i'n ofni'r Tad, fy nhad, mwyach. Yn wir, teimlaf beth tosturi drosto gan fod ei ffolineb yn heintus a'i ffuglen ar fin tywys ei ddilynwyr yn ddall ar drywydd ei gelwyddau.

Rwy'n gadael y dillad gwely mewn pentwr gwlyb ar y llawr a dilynaf Barac i ystafell breifat y Tad. Mae'r llwch sy'n hongian yng ngolau'r canhwyllau yn goglais fy ffroenau, a dwi'n tisian tu ôl i gledr fy llaw. Cerddaf heibio i'r blwch gwydr sy'n dal y Llyfr. Mae testun y gyfrol wedi colli pob ystyr i fi bellach, ond mae darogan y Tad ar fin cael ei wireddu. Mae'r Tad yn eistedd yn ei gadair ym mhen draw'r ystafell, ac mae Micah'n helpu'r arweinydd i droi tudalennau'r llyfrau trwchus sydd wedi'u gwasgaru ar y bwrdd o'i flaen. Wrth gamu'n agosach, gallaf weld mai cyfrolau'n ymwneud â'r cosmos ydynt, yn llawn delweddau a diagramau'n darlunio comedau a rhyfeddodau arallfydol tebyg.

Caf fy ngwahodd i eistedd mewn cadair bren, ac mae Barac yn eistedd wrth fy ochr. Mae Micah a'r Tad yn codi eu llygaid o'r llyfrau ac yn troi eu tremiau tuag ataf. Mae eu llygaid yn llawn llawenydd. Y Tad sy'n siarad gyntaf, y sillafau'n gadael ei geg fel tasent yn cael eu cario gan loynnod byw.

"Hoffwn ddiolch i ti am ddod ag arwydd yr Hollalluog at fy sylw," mae'r hen ddyn yn dechrau, ei sibrydion yn daer, ond ei ddyheadau yn eithafol.

"Dw i 'di bod yn aros dros ddeugain mlynedd am y dydd hwn, ac mae angen dy help di arnaf er mwyn cymryd y cam nesaf."

"Fe wna i bopeth y gallaf i helpu'r achos," atebaf, a gwyro fy llygaid tua'r ddesg er mwyn peidio â bradychu fy ngwir deimladau.

"Rwy'n falch o glywed hynny," mae'n oedi, a gallaf bron weld y geiriau'n troi yn ei ben wrth iddo ystyried sut i fynd yn ei flaen.

"Ry'n ni'n ddiolchgar iawn am dy holl waith yn y clafdy," mae tinc ei lais yn gwneud i'r blew ar gefn fy ngwddf godi, gan fod isgerrynt amwys yn perthyn iddynt. "A gofynnaf i ti rannu peth o dy arbenigedd gyda ni heddiw. Yn benodol, dwi eisiau gwybod mwy am y moddion, y feddyginiaeth rwyt ti'n ei defnyddio i helpu'r melltigaid i adael eu gwelyau angau a chyrraedd paradwys."

Syllaf arno wrth glywed hynny, fy llygaid fel soseri. Mae'r Tad yn chwerthin wrth weld fy ymateb.

"Nawr paid poeni, Mair fach, nid wyt ti mewn unrhyw fath o drwbwl. Yn wir, rwy'n edmygu dy ddaliadau, a rhai Siwan yn flaenorol. Wedi'r cyfan, gofal diwedd oes yw un o feysydd mwyaf cynhennus y ddynol ryw. Yn fy marn i, mae sicrhau trosglwyddiad cyfforddus, fel petai, a rhydd o boen, yn hollbwysig o ran cynnal cariad Duw, gan nad yw Ef yn dymuno i unrhyw un ddioddef yn anorfod. Wrth gwrs, ni fyddai *pawb* yn cytuno â hynny, ond does neb ar ôl ar y ddaear sy'n mynd i ddadlau gyda fi am y peth yn awr."

Unwaith eto, mae'n gwenu.

Unwaith eto, gwelaf ddelwedd o'r ferch tu draw i'r ffens yn fflachio o flaen fy llygaid.

Mae Barac a Micah'n chwerthin yn wenieithus ar ei ddatganiad ond nid ydw i'n ymuno â nhw.

"Alla i ofyn pam eich bod chi eisiau gwbod?"

Mae llygaid y Tad yn cau rhyw fymryn. Nid yw ein harweinydd wedi arfer ateb cwestiynau. Er hynny, nid yw'n oedi cyn dechrau rhefru.

"Fel dywedaist ti dy hun neithiwr, Mair, mae'r gomed sydd wedi ymddangos yn yr awyr yn arwydd."

Mae'n oedi, ac yna'n pwyntio at ei lyfr, Y Llyfr, sy'n gorwedd yn y blwch gwydr ym mhen pella'r stafell.

"Mae'r llyfr ei hun hyd yn oed yn cyfeirio at Gomed

Read, sef yr union gomed sydd uwch ein pennau heddiw, sy'n ymddangos yn ein ffurfafen bob deugain mlynedd."

Does dim ffordd i fi ddadlau â'r honiad, er bod y geiriau'n swnio'n gwbl anghredadwy i fi. Nid yw'r Tad yn ymhelaethu nac yn cynnig esboniad o unrhyw fath. Does dim angen iddo, gan nad oes unrhyw un yn mynd i anghytuno ag e yn yr ystafell hon. Ddim ar lafar ta beth.

"Mae'r amser wedi dod i ni gyflawni ein tynged, gadael ein llestri bydol ac ymuno â'n cyndeidiau ym mynwes y goruchaf Dduw."

Oedaf cyn ateb, er mwyn rhoi'r argraff fy mod yn gwrando ar ei eiriau, yn hytrach na'u gwawdio yn fy mhen.

"Ond sut alla i helpu'r achos, Tada?"

Mae'r Tad yn gwenu ar fy nefnydd o'i enw anwes. Enw nad ydw i wedi ei ddefnyddio ers blynyddoedd maith. Mae'n estyn allan ac yn gafael yn fy llaw. Teimlaf atgasedd pur tuag ato, a rhaid i fi frwydro rhag tynnu fy llaw yn ôl, er mwyn dianc rhag ei gyffyrddiad. Mae'r holl weithredoedd eithafol yn fflachio yn fy mhen. Yna'r rhagrith dyddiol a'r pwylldreisio didostur. Gwenaf, er gwaethaf fy nheimladau, gan fod rhaid cynnal y ffasâd. Dyna'r unig obaith sydd gennyf bellach.

"Dwi moyn i ti baratoi digon o'r moddion i helpu pob un ohonon ni sydd ar ôl i gyrraedd Paradwys."

Nodiaf fy mhen ar hynny. Nid ydw i eisiau bod yn rhan o'r cynllwyn, o'r gyflafan, o gwbl, a rhaid bod fy llygaid yn fy mradychu.

"Gallaf weld nad wyt ti wedi dy argyhoeddi. Ond dyma ein ffawd. Dyma ein tynged. Dyma brif amcan ein bodolaeth."

Nodiaf fy mhen unwaith yn rhagor.

"Erbyn pryd fydd angen y moddion?"

"Fory."

"Fe wnaf fy ngorau, Tada," ac i ffwrdd â fi, gan adael y pwyllgor, fy egwyddorion yn sgrechen arnaf o un ysgwydd, ond diawl bach ar y llall yn sibrwd cynllun yn fy nghlust.

Rwy'n dychwelyd at y ffynnon i gasglu'r dillad gwely ac yna'n gadael y twneli er mwyn eu hongian nhw tu fas. Nid yw'r gomed i'w gweld ar hyn o bryd, oherwydd y cymylau isel, ond mae digon o awel i neud y job.

Yn ôl yn yr ystafell gyffredin, dwi'n dod o hyd i Jacob yn darllen nofel. Mae clawr y llyfr wedi difa ond dwi'n gwybod mai *Y Dŵr* gan Lloyd Jones yw'r gyfrol. Dwi 'di'i darllen hi deirgwaith, ond mae Jacob yn addoli wrth allor athrylithgar yr awdur ac wedi ei thraflyncu ddegau o weithiau dros y blynyddoedd. Mae gweddill y grŵp yma hefyd, rhai'n darllen ac eraill yn gweddïo. Clywaf gorws o stumogau'n grwgnach, sy'n gwneud dim byd ond fy atgoffa o gnawd blasus breuddwyd y noson gynt. Eisteddaf wrth ochr fy mrawd a gadael i fy llygaid grwydro. Edrychaf ar fy nghyd-ddisgyblion, un ar ôl y llall, pob un ohonynt yn gwbl hapus i ddilyn y Tad ar ei lwybr unbennog yntau. Mae'r celwyddau wedi cael eu hailadrodd gymaint o weithiau bellach fel bod hyd yn oed ef, y Tad ei hun, yn eu credu. Mae ambell un yn gwenu arnaf, a neb wedi dyfalu beth sydd i ddod. Mae cyfarwyddyd y Tad yn dechrau fy mhoenydio. Sa i eisiau bod yn rhan o'r weithred olaf, y weithred eithaf. Ond pa ddewis sydd gennyf? Dwi 'di gweld droeon beth sy'n digwydd i'r rheiny sy'n ei groesi. O'r deunaw sy'n weddill, dim ond fi a Jacob sydd wedi gweld trwy'r celwyddau a'r rhagrith. Cyflawni eu tynged yw breuddwyd y meddwl casgliadol hwn. Ond er gwaethaf hynny, nid ydw i wedi fy narbwyllo'n llwyr am y rhan sydd gennyf i'w chwarae yn eu dinistr.

Ar ôl swper di-flas sydd braidd yn llenwi'r bola, mae'r Tad a'i gadfridogion yn ymddangos, wedi'u gwisgo mewn urddwisgoedd glân, gan fynnu bod pawb yn ymuno â nhw yn y cwrtil uwchben. Fel defaid, ry'n ni'n dilyn.

Wrth gyrraedd, gwelaf fod y cymylau wedi gwasgaru a'r sêr yn disgleirio fry. Mae'r gomed yno hefyd, fel craith sgleiniog ar gefnlen gawraidd y cyfanfyd. Un ar ôl y llall, mae pennau'r dilynwyr yn gwyro i weld gogoniant y bydysawd, a'u lleisiau yn codi mewn moliant anneallus.

O'r llwyfan, mae'r Tad yn ein hannerch; ei lais yn gadarn, yn atgyfodedig.

"Gyfeillion. Mae'r amser wedi dod o'r diwedd."

Mae sibrydion y dorf yn tawelu a'r cynnwrf casgliadol yn gafael ynddynt.

"Wele fry Gomed Read. Yr un gomed ag a welais yn y flwyddyn dwy fil dau ddeg chwech. Yr un gomed ag sy'n cael ei henwi yn Y Llyfr."

Mae'r grŵp yn *wwwwwian* ac yn *aaawian* ar hynny, er nad oes unrhyw brawf bod y Tad yn dweud y gwir.

"Dyma'r arwydd rydyn ni wedi bod yn aros amdano. Dyma wahoddiad gan Dduw i ymuno â Fe."

Mae'r dorf yn dawel unwaith eto, yn sawru pob sill sy'n dod o geg y Tad.

"Mae'r amser wedi dod. Yfory, ry'n ni'n mynd i gwrdd â'r Creawdwr."

Ar hynny, mae'r dorf yn tawelu, ond o fewn eiliad neu ddwy mae eu lleisiau yn dechrau codi, ac yna mae'r dilynwyr yn dechrau dathlu; bloeddio, crio a chanu.

Mewn amrantiad, mae unrhyw awgrym o euogrwydd roeddwn yn ei deimlo ynglŷn â chyfrannu at y ddefod olaf yn diflannu.

Rwyf innau a Jacob yn gadael y dathliadau ac yn dychwelyd i grombil y ddaear. Rwy'n arwain fy mrawd i'r storfa feddygol ac, yng ngolau cannwyll, rwy'n mynd ati i gymysgu'r gwenwyn. Digon ar gyfer deunaw o bobl. Wel, pymtheg a hanner i fod yn fanwl gywir. Y bwriad yw cyfuno'r moddion marwol â diod ffrwythau, er mwyn masgio'r blas cas, ond am nawr, rwy'n canolbwyntio ar y moddion. Estynnaf y bromid pancwroniwm a'r potasiwm clorid oddi ar y silff. Nid oes llawer ar ôl yn y poteli. Rwy'n amcangyfrifo faint sydd angen arnaf yn fy mhen ac yn dod i'r casgliad bod digon yno. Jyst. Tolltaf y cyfan i mewn i ficer â chymysgu'n drylwyr. Wrth wneud hynny, rwy'n anfon Jacob i'r gegin i estyn deunaw cwpan papur.

"Ble ti moyn rhain?" gofynna wrth ddychwelyd.

"Jyst gad nhw fyn 'na."

Mae fy mrawd yn gwneud fel rwy'n gorchymyn ac yna dychwelwn at rialtwch y grŵp, sy'n ffinio ar berlewyg. Mae rhai ar eu pengliniau yn y llwch, yn lluchio'u dwylo tua'r Llwybr Llaethog; ac eraill yn cofleidio'i gilydd, y dagrau'n llifo o'u llygaid a'u lleisiau'n llefaru â thafodau.

Dw i a Jacob yn eistedd ar y cyrion, yn y cysgodion, a thra bod fy mrawd yn troi ei olygon tua'r sioe tân gwyllt fyny fry, gwyliaf y Tad o bell, dros bennau'r dorf anystywallt, gan wenu'n fewnol wrth wybod y bydd e'n llosgi yn Uffern yfory.

2026: Yn y Dechreuad

MIS YN DDIWEDDARACH, galwodd Joe ar T i ymuno gyda fe yn ei swyddfa. Roedd yr awdur wedi gwella bron yn llwyr bellach, a'i gyhyrau a'i gorff cyn gryfed ag erioed. Roedd ei ben yn glir hefyd, diolch i'r ffaith nad oedd wedi yfed unrhyw alcohol ers y ddamwain, nac ychwaith rochio amffetaminau. Fel dyn wedi'i feddiannu, fe fu ei ffocws yn bur, ac roedd ei nofelig bron yn barod i'r byd gael ei gweld bellach. Wel, cornel bach cudd o'r byd, ta beth. Gweithiodd yn ddiflino arni dros y dair wythnos ddiwethaf, gan wella'r cynnwys heb esgeuluso'r neges. Os rhywbeth, cafodd y neges ei hatgyfnerthu fwy fyth. I'r fath raddau, roedd rhan o T yn credu iddo fynd yn rhy bell. Ddeuddydd yn gynt, rhoddodd gopi i Joe, a dyma fe nawr, ar fin cael ei feirniadu. Cyffrôdd y pilipalod yn ei fol. Nid ei fod yn poeni am ymateb ei gyhoeddwr; roedd e'n credu'n ddiamod yn ansawdd ei gyfrol. Ond fel pob nofelydd, roedd ganddo amheuon, ac felly roedd derbyn adborth yn artaith. Roedd yr ego yn greadur bach bregus, wedi'r cyfan.

Cnociodd T ar y drws caeëdig ac aros i'w ffrind ei wahodd mewn i'w gysegrfan.

"Helô," crawciodd y llais.

Camodd T i'r ystafell, oedd yn aroglu fel hen lyfrau. Ond doedd dim byd rhyfedd yn hynny, gan fod tair wal wedi'u gorchuddio gan gyfrolau – o'r llawr i'r nenfwd – rhai ohonynt yn dyddio'n ôl dros ganrif. Cipiwyd T yn ôl i'r gorffennol gan y gwynt. Cofiodd grwydro siopau ail-law y Gelli Gandryll, law yn llaw â Manon. Hithau ar drywydd hen gyfrolau Cymreig, ac yntau'n chwilota am gyhoeddiadau cyntaf rhai o'i hoff nofelwyr damcaniaethol.

Roedd y nos yn cau tu fas i'r ffenestr fae a'r hen lamp ar y ddesg dderw yn taflu cysgodion i bob cornel. Trodd Joe yn ei gadair ledr er mwyn wynebu ei brotégé. Roedd golwg daer ar ei wyneb, er y gallai T weld rhyw gyffro'n dawnsio tu ôl i'w lygaid hefyd.

"Shwt hwyl heno?" gofynnodd Joe, rhyw awgrym o wên ar gorneli ei wefusau.

"Fi'n olréit. Bach yn nerfus, 'na gyd."

"Pam?"

"Sa i'n gwbod. Fi'n casáu beirniadaeth, chi'n gwbod 'ny."

"Ma hynny'n hollol naturiol, gw boi. Sneb yn hoffi cael eu gwerthuso. Rhag ofn," ychwanegodd gyda gwên.

Roedd Joe wedi delio â degau, os nad cannoedd o awduron yn ystod ei yrfa. Roedd wedi rhannu newyddion da a drwg â nhw. Droeon. Cofiodd iddo deimlo'n hollbwerus wrth wneud hefyd. Fel rhyw farnwr digyfaddawd. Neu ymerawdwr Rhufeinig efallai; ei fawd yn dynodi llwyddiant neu fethiant. Dechrau gyrfa, neu ddiwedd breuddwyd.

"Ond sdim ishe i ti boeni tro 'ma chwaith," cododd lyfryn o'r ddesg a'i ddal o'i flaen. Yn y golau isel, ni allai T weld y clawr yn glir.

Ystyriodd Joe ei eiriau'n ofalus. "Heb fod eisiau mynd dros ben llestri..." dechreuodd, y wên yn dechrau lledaenu, "...dyma'r llyfr pwysicaf i gael ei gyhoeddi yn yr iaith Gymraeg ers i William Morgan gyfieithu'r Beibl ym mil pump wyth wyth."

Chwarddodd T ar hynny. Am beth abswrd i'w ddweud.

"Fi'n dweud y gwir. Anghofia dy Caryl Lewises, dy Caradog Prichards, dy Manon Steffan Roses a dy

Lloyd Joneses. Heb anghofio dy Kate Robertses, wrth gwrs..."

"Plis, Joe!" Ebychodd T gan ddal ei ddwylo i fyny o'i flaen. "Ma hynny'n hollol hurt."

"Na, T!" Poerodd Joe ei ateb, yr angerdd yn ffrwydro o'i geg. "Ti'n anghywir. Nawr, roedd llyfrau'r awduron 'ma i gyd o ansawdd, ac o bwys aruthrol adeg eu cyhoeddi, ond y gwahaniaeth rhyngddon nhw a ti yw nad y'n nhw fan hyn, reit nawr, yn cynnig gobaith i Gymry sy'n cael eu herlyn, sy'n cael eu hela mewn rhai achosion, a hynny ar ddiwedd y byd ac ar drothwy Dydd y Farn."

Ysgydwodd T ei ben. Roedd Joe yn mynd dros ben llestri go iawn. Nid oedd erioed wedi cael y fath adborth. Er nad oedd e'n credu gair a dweud y gwir.

"Ti yw dyn y gwyrthiau, gw boi. Edrych arnot ti. Ti 'di cael dy atgyfodi. Yn gorfforol ac yn llenyddol."

Rhoddodd Joe y gyfrol denau ar y ddesg, a thanio'r teledu oedd yn hongian ar y wal. Llenwyd yr ystafell â lliwiau, geiriau a newyddion drwg.

Clywyd y geiriau "imminent threat of nuclear war" a "the government is about to implement a state of national emergency" cyn i Joe roi pwt i'r peiriant a throi ei sylw'n ôl at T.

"Does dim lot o amser gyda ni, T. Ti'n barod i achub dy bobl?"

Chwarddodd T ar hynny unwaith eto, ond roedd yr olwg ar wyneb Joe yn gwbl ddifrifol ac yn hollol ddiffuant. Cododd yr hen ddyn y llyfryn unwaith eto. Y tro hwn, rhoddodd e i T.

"Maddau i mi, ond ar ôl darllen y gyfrol, es i ati i argraffu mil o gopïau."

Lledaenodd llygaid T wrth glywed hynny.

"Chi off ych pen!" ebychodd.

"Dim o gwbl. Dyma'n union beth dwi 'di bod yn aros amdano."

Edrychodd T ar y gyfrol. Roedd hi'n debycach i bamffled na nofel.

"Paid bod yn rhy siomedig gyda'r ffordd ma hi'n edrych. 'Nes i fy ngorau gyda'r adnoddau sydd ar gael. Ond nid ei phryd a'i gwedd sy'n bwysig. Ond y cynnwys. Y neges. Y gobaith. Dyna beth fydd pobl yn buddsoddi ynddo. Nid gwrthrych neis i roi ar y silff."

Craffodd T ar y clawr. Dyluniad syml ar gefndir gwyn. 'T Lloyd Lewis' ar frig y ddalen. 'Iaith y

Nefoedd' yn y canol. Ac isbennawd ar y gwaelod: 'Y Gwir o Geg y Gwaredwr'.

"Beth yn y byd yw ystyr hwn?" gofynnodd T.

Gwenodd Joe.

"Maddau i mi'r ormodiaith. Y gorliwio. Y gorddweud. Ond dyna'n union beth wyt ti, gw boi."

"Beth?"

"Gwaredwr. Gŵr y gobaith. Dyn y gwyrthiau."

"No way, Joe. Jyst nofelydd ydw i."

Ysgydwodd Joe ei ben unwaith yn rhagor.

"Ti'n llawer mwy na hynny nawr."

*

Y noson ganlynol, ar ôl myfyrio mewn manylder ar eiriau ei gyhoeddwr, roedd T yn barod i gwrdd â'i 'bobl'. Nid oedd wir yn credu'r hyn a ddywedodd Joe wrtho'r noson flaenorol, ond roedd e'n broffesiynol, os dim byd arall. Ac er nad oedd T yn credu y byddai unrhyw un yn prynu ei nofela, darblwyllodd Joe e nad hynny oedd y nod. Nid *gwerthu* copïau oedd y bwriad, ond lledaenu'r efengyl newydd a *rhoi'r* nofela'n rhodd i unrhyw un oedd â diddordeb. Marchnata apocalyptaidd, ond hynod effeithiol.

Clywodd y camau cyn clywed y llais, a throdd T, yn ei gadair gyfforddus wrth ffenest fae ei ystafell wely, i wynebu Caradog.

"Ma Mr Hayes moyn i ti wisgo hon heno."

Gosododd y cawr siwt ddu, tri darn, ynghyd â chrys gwyn ar ei wely, a phâr o sgidiau sgleiniog ar lawr, cyn gadael heb air pellach.

Cododd T ac edrych ar y dillad. Roedd hi'n amlwg fod Joe eisiau iddo chwarae rhan. Ond pa ran? meddyliodd. Ni fyddai'n dderbyniol iddo droi lan yn ei ddresin gown, wrth gwrs, ond roedd hi'n amser maith ers iddo wisgo siwt. Gwisgodd y dillad, oedd yn ei ffitio'n berffaith, a syllu arno'i hun yn y drych. Roedd e'n edrych fel pregethwr. Namyn y coler ci.

Aeth i swyddfa Joe, lle gwenodd yr hen ddyn arno'n llawn balchder.

"Ti'n edrych yn grêt."

"Fi'n edrych fel ficer," atebodd yr awdur.

"Yn union," cadarnhaodd Joe.

"Ydych chi'n dod gyda ni?" gofynnodd T, er y gwyddai'r ateb yn barod.

"Na. Fi'n rhy hen i adael y lle 'ma nawr. Bydd Caradog a Daniel Jac yn mynd gyda ti."

"Beth yn union ydw i fod i wneud?"

"Jyst dweud dy stori."

"Dyna gyd?"

"Ie. Der nawr, ti yw'r awdur. Ti yw'r storïwr. Dwed wrthyn nhw beth ddigwyddodd. Dwed wrthyn nhw beth welest di."

"Ond sa i'n gwbod a weles i unrhyw beth. Fi'n credu mai breuddwyd o'dd e, a dweud y gwir."

Cododd Joe ei sgwyddau yn ddi-hid.

"Falle wir. Ond falle ddim."

Tagodd y tawelwch yn llwydni'r llyfrgell.

"Ma diwedd y byd ar y gorwel, gw boi. Ac ma'r bobl eisiau cael eu hachub."

"Ond, sa i'n…"

Wfftiodd Joe ei brotestiadau.

"Ti yw'r goleuni. Y gobaith. Y gwaredwr."

Edrychodd T ar ei fentor yn syn. Ysgydwodd ei ben yn anghrediniol.

"Paid gadael nhw lawr, gw boi."

Aeth T o swyddfa Joe i'r gegin, lle'r oedd Martha yn plicio tatws ac yn gwrando ar y radio.

Chwydwyd y newyddion i'r nos, fel nwy gwenwynig.

"No turning back."

"The point of no return."

"Judgement day is almost upon us."

Diffoddodd Martha'r radio, a throdd ei golygon at T.

"Duw, ti'n edrych yn smart."

Gwenodd arno, fel mam ar weld ei mab ifancaf yn ei wisg ysgol newydd.

"Ma'r bois yn aros amdanot ti yn y garej."

Ac allan aeth T i'r nos, ar drywydd ei gymdeithion.

Daeth o hyd iddynt yn y garej bellaf o'r tŷ. Roedd y drws ar agor a'r golau o'r bwlb noeth yn ddigon cryf i'w ddallu. Safai Daniel Jac wrth y porth, yn tynnu ar rôl ac yn chwythu'r mwg i'r nos, tra roedd Caradog yn clymu bocs wrth gefn beic modur. Roeddent yn gwisgo du, o'u corunau i'w sodlau, a nododd T fod gwn mewn gwain ar glun y ddau ohonynt.

"Iawn, bois?" cyfarchodd T.

"Nosweth dda, Mr Lewis," atebodd Caradog, tra nodiodd Daniel Jac arno heb yngan gair.

"Chi 'rioed wedi teithio mewn un o'r rhain?" gofynnodd y cawr, gan bwyntio at feic modur arall gerllaw, ystlusgar yn sownd i'w ochr.

"Naddo," atebodd yr awdur.

Cynorthwyodd Caradog y crefftwr geiriau i'w sedd, cyn eistedd wrth ei ochr a chic-danio'r cadfarch mecanyddol. Gwnaeth Daniel Jac yn debyg, ac i ffwrdd â nhw, ar hyd y dreif tyllog, i gyfeiriad y glwyd.

Wrth agosáu at yr allanfa, gallai T weld y cysgodion yn symud o'u blaen, ar ochr arall y ffens derfyn. Arafodd y beiciau modur, a dod i stop rhyw ugain llath oddi wrth y cyffro. Roedd tuchan a grwnial yr anwariaid yn anifeilaidd, a chalon T yn tic-tocian fel cloc diffygiol wrth i'r adrenalin afael ynddo.

Gwyliodd yn gegagored wrth i'w warcheidwaid dynnu eu gynnau o'u gweiniau a'u saethu i gyfeiriad y gwylltion. Gwasgarodd y cyrff, gan ddiflannu i'r coed yn sgrechen a gadael y llwybr yn glir i'r beiciau adael. Teimlodd T beth ryddhad wrth weld nad oedd unrhyw gorff yn gelain. Caeodd y glwyd y tu ôl iddynt, ac i ffwrdd â nhw trwy'r düwch, yn anelu trwynau'r beiciau tua'r de. Ond, yn hytrach na theithio i gyfeiriad y ddinas, gwyrodd y gyrwyr i'r dwyrain, gan gyrraedd eu cyrchfan heb weld yr un enaid byw ar hyd y daith. Pawb yn aros am ddiwedd y byd tu ôl i'w ffensys trydan yn y maestrefi. Ond, ar y gorwel, gallai T weld y tanau'n llosgi; roedd y ddinas ar dân a'r cols yn dechrau cydio.

Gyferbyn ag adfail tafarn y Griffin ym maestref Llysfaen, lle gweithiodd T am gyfnod yn ei arddegau, yn golchi llestri yn y gegin, daeth y beiciau modur i stop tu ôl i Eglwys Sant Denys. Roedd y lleuad a'r sêr o dan gwmwl, a dim golau i ddangos y ffordd.

"Arhosa di gyda'r beics," gorchmynnodd Caradog wrth ei gynorthwyydd, cyn rhyddhau'r bocs o gefn y beic ac arwain T i gyfeiriad y drws ar ochr yr eglwys, lle roedd golau gwan yn treiddio trwy'r bylchau o amgylch y porth.

I mewn â nhw, gan ddod wyneb yn wyneb â deg pâr o lygaid, i gyd yn llawn ofn, ynghyd ag awgrym o edmygedd a disgwyliad.

Ni wyddai T beth oedd Joe wedi'i ddweud wrth y bobl 'ma, nac ychwaith sut y clywsant am y cynulliad cudd.

Cododd menyw yn ei chwedegau ac estyn ei llaw i T gael ei hysgwyd. "Croeso, croeso, Mr Lewis," meddai hithau, yn hanner moesymgrymu wrth wneud. "Ethni Jones ydw i, a dyma holl siaradwyr Cymraeg yr ardal. Mae'n fraint ac yn bleser eich croesawu chi yma heno. Ni'n edrych 'mlaen yn fawr i glywed eich geiriau. Mae Mr Hayes yn eich canmol i'r cymylau."

Diolchodd T, braidd yn chwithig, gan werthfawrogi rhinflas capelig Mrs Jones. Roedd hi'n ei atgoffa o'i fam, dyna'r gwir, ac roedd rhywbeth hollol gysurlon am hynny.

Eisteddodd T o flaen y gynulleidfa. Estynnodd gopi o'i gyfrol o boced ei siaced. Dechreuodd adrodd ei stori. Ceciodd i gychwyn, gan frwydro i ganfod ei eiriau a'i rythm. Teimlai fel ffugiwr, ond ar ôl peth amser, dechreuodd fwydo oddi ar obaith y gynulleidfa ac yna dechreuodd gredu ei eiriau ei hun. Nid breuddwyd oedd e'n ei chyflwyno heno, nid gweledigaeth hyd yn oed, ond y gwir. Ac er mai ffuglen oedd rhan helaethaf y stori, esboniodd fod yr hyn ddigwyddodd iddo, yr hyn a brofodd pan roedd ar ei wely angau, yn hollol wir.

Eisteddodd y gynulleidfa o'i flaen mewn perlewyg pur, yn glafoerio wrth glywed y geiriau. Darllenodd bytiau i gefnogi ei honiadau ac atebodd ambell gwestiwn ar y diwedd, er bod y mwyafrif oedd yno yn rhy gegrwth i siarad. Rhoddodd gopi bob un i'r mynychwyr, ond daeth y noson i ben o dan amgylchiadau dramatig, wrth iddynt glywed gwn Daniel Jac yn tanio tu allan i'r sancteiddle. Aeth Caradog i weld beth oedd yn digwydd, gan ddychwelyd mewn munud er mwyn arwain T o 'na. Â'r drws ar agor, trodd i ffarwelio â'i gynulleidfa cyn mynd, ond roedd pennau pawb wedi'u plygu; eu gwefusau yn symud ond sibrwd eu gweddïau yn mynd ar goll yn y gwynt.

Roedd yr Armagedon anochel yn bygwth cychwyn unrhyw ddydd a theithiodd T, yng nghwmni Caradog a Daniel Jac, i bob rhan o'r ddinas dros yr wythnos nesaf. Siaradodd o flaen cynulleidfaoedd mewn clybiau rygbi, tai preifat, hen gapeli, neuadd fingo a phwll nofio gwag. Byddai pob cynulliad dilynol yn denu mwy o dorf. Meddwodd T ar yr holl sylw, ar yr edmygedd cynyddol; tra moriai'r torfeydd yn y neges, gan foddi a chael eu bedyddio yn y gobaith roedd T yn ei gynnig iddynt.

Â phob copi o *Iaith y Nefoedd* bellach ym meddiant y Cymry alltud, a gyda'r bomiau niwclear wedi dechrau tanio ym mhen draw'r byd, ffrwydrodd y ddinas mewn gloddest o fflamau, trais ac anobaith.

O falconi'r plasty, gwyliodd T a'r cyhoeddwr y ddinas yn llosgi ar y gorwel, y fflamau prydferth yn masgio'r erchylltra ar lawr gwlad. Roedd diwedd y byd wedi dod i'r mwyafrif, ond roedd pethau rhyfeddol yn digwydd gerllaw.

"Dyma ddeordy dyfodol yr iaith Gymraeg," datganodd Joe, braidd yn ymffrostgar. "Dyfodol y ddynol ryw, o bosib," ychwanegodd ar ôl oedi.

Fel arfer, byddai T yn chwerthin ar y fath or-ddweud, y fath ormodiaith, ond roedd hi'n anodd anghytuno heno, gan fod rhes o bobl, o Gymry Cymraeg, yn gwneud eu ffordd ar hyd dreif yr ystad, ac yn diflannu trwy ddrysau'r garej, fesul dau.

2066: Y Forwyn Olaf

TRA BOD GWEDDILL dilynwyr y Tad, fy nhad, yn treulio'r bore'n adfer ar ôl dathliadau cynamserol y noson gynt, dw i'n stelcian i'r storfa feddygol i baratoi ar gyfer y ddefod eithaf. Gydag help Jacob, fi'n mynd ati i gynhyrchu llond twba o ddiod ffrwythau, gan ychwanegu dŵr o'r ffynnon at y powdr sych. Treuliais hanner y nos yn cynllunio, cyn penderfynu cadw pethau mor syml â phosib. Pan dwi'n hapus â'r blas, estynnaf dri chwpan papur o'r pentwr a defnyddio pensil i farcio un ohonynt gydag 'O' a'r ddau arall gydag 'X'. Llenwaf ddau ohonynt i'r eithaf â'r ddiod ffrwythau, a'r llall at ei hanner. Yna, tolltaf y bromid pancwroniwm a'r potasiwm clorid at y twba a defnyddio llwy hir i droi'r cyfan yn araf am gwpwl o funudau, gyda gofal llwyr. Yn ofalus iawn, llenwaf bymtheg o'r cwpanau at y brig, a'u gosod ar yr hambwrdd, wrth ochr y ddau gwpan llawn sydd yno eisoes. Yna, codaf y cwpan sydd wedi'i farcio ag 'O', yr un hanner llawn, a'i lenwi. Gwenaf wrth weld bod y twba yn wag, sy'n cadarnhau cywirdeb fy amcangyfrifon, ond daw llais tawel y Tad o'r tu ôl i fi, gan waredu'r wên ar unwaith.

"Barod?"

Trof i'w wynebu.

"Ydw."

Edrychaf i fyw ei lygaid, am ryw arlliw o ddynoliaeth, ond ni allaf weld unrhyw beth o'r fath yna heddiw. Mae'r Tad, fy nhad, wedi llwyr ymddatod erbyn hyn, a'r olwg orffwyll ar ei wyneb yn cadarnhau bod ei gallineb ar grwydr wrth i'r wawr dorri ar ei broffwydo mympwyol. Sa i'n gallu ei gofio fel dyn ifanc am ei fod eisoes dros ei chwe deg pan ges i fy ngeni. Er hynny, dwi wedi clywed yr hanesion. Y chwedlau. Ac fel pob chwedl, mae'n amhosib gwybod a oes unrhyw wir ar ôl erbyn hyn. Er gwaethaf y straeon i'r gwrthwyneb, ni allaf ei ddychmygu fel dim byd ond bwystfil.

"Ti yw morwyn y ddefod. Fi yw'r meistr."

"Wrth gwrs," atebaf, gan weddïo bod ei eiriau amwys yn golygu'r hyn rwy'n gobeithio. Dyma unig ran y cynllun oedd y tu hwnt i fy rheolaeth, ond rwy'n credu bod y Tad wedi datrys pob problem, a hynny heb syniad ei fod wedi selio'i ffawd. Mae'r hen ddyn yn gadael a Jacob a minnau'n mynd ati i olchi'r offer yn y ffynnon, gan wneud yn siŵr bod drws y storfa wedi'i gloi, a'r diodydd yn ddiogel rhag unrhyw fygythiad allanol.

Mae gweddill y dydd yn gyfuniad rhyfedd o ddathlu a hel atgofion. Eisteddwn ar lawr yn y cwrtil, yng nghysgod adfail y plas, y Tad yn areithio am oriau am 'ein taith', 'ein tynged' ac 'ein dyfodol disglair yn nheyrnas yr Hollalluog'. Mae pawb fel petaent wedi anghofio am yr holl arteithio eithafol. Yr holl ddioddef diangen wrth law y Tad a'i gredoau ffansïol. Yn wir, mae'r holl beth yn ffarsaidd i mi, ac mae'n anodd atal fy hun rhag codi fy llais ar adegau, ond mae gweddill y grŵp, ar wahân i un, yn ymddangos fel petaen nhw'n ysu am gael bwrw ymlaen a chymryd y cam olaf. Clywn straeon lu am rai o'n cyd-deithwyr sydd wedi ein gadael erbyn hyn, a'r ffordd y byddwn yn eu gweld nhw eto cyn diwedd y dydd. Ry'n ni'n canu caneuon traddodiadol sydd wedi hen golli eu hystyr erbyn heddiw, ond mae 'na islif o ddathlu a pherthyn ynghlwm â'r cyfan, er ei bod yn amhosib i mi uniaethu â hynny o gwbl. Mae'r gomed yn dyst i'r holl wallgofrwydd, er nad yw ffenomen y ffurfafen mor drawiadol yng ngolau dydd. Mae'r nos yn cau i gyfeiliant bloeddganu byddarol am fod 'yma o hyd', a gwelaf y symudiad lleiaf o gornel fy llygad. Syllaf i'r düwch wrth i'r canu barhau, gan hoelio fy sylw ar yr union fan lle gwelais y llechheliwr. Am funud neu ddwy credaf i mi ddychmygu'r cyfan, ond yna gwelaf lygad gwyn yng ngwêr yr adfail, sy'n gwneud i fy stumog gorddi â chyffro digyffelyb. Ceisiaf ddychmygu rhyw fath o ddyfodol, tu hwnt i'r twneli, tu hwnt i'r ffens derfyn, ond mae hynny bron yn amhosib gan mai dyma'r unig realiti sy'n gyfarwydd i fi. Mae cynnwys fy mreuddwydion diweddar yn corddi yn fy mhen, ond ni allaf ddal gafael ar y delweddau ar hyn o bryd, diolch yn bennaf i'r bloeddio amhersain. Ond mae presenoldeb y ferch yn rhoi mymryn o obaith i fi. Gobaith cwbl ddi-sail, wrth gwrs, ond mae hyd yn oed hynny'n well na'r dewis arall.

Caiff coelcerth ei chynnau, ac yna mae Barac yn fy ngorchymyn i estyn yr hambwrdd o'r storfa feddygol. Gydag help Jacob, rwy'n gwneud fel mae'n gofyn, yn gosod y cwpanau papur ar fwrdd pren o flaen pawb. Mae'r defaid yn creu rhes a dwi'n dosbarthu'r diodydd iddynt, gan sicrhau bod y Tad yn derbyn yr un ag 'O' arno, a fi a fy mrawd yn derbyn y cwpanau sydd wedi'u marcio ag 'X'. Ar ôl gwneud, mae pawb yn eistedd wrth draed y Tad, a'r hen ddyn yn ein harwain mewn gweddi. Mae ei rwnan diddiwedd yn ddigon i fy hala i gysgu a'i eiriau mor wag i mi â'r storfa fwyd. Gyda fy llygaid ar gau, mae cysgodion y fflamau'n consurio cythreuliaid, ac yn gwneud i fi gwestiynu fy hun a'r hyn rwyf ar fin ei wneud. Ond, cyn i'r delweddau diafolaidd fy nhwyllo, gwelaf Ceridwen yn hongian o'r grocbren, ei phen yn llipa a'i gwddf wedi torri o dan ei phwysau ei hun. Agoraf fy llygaid wrth i bawb o 'nghwmpas yngan 'A-men' gan wybod fy mod yn gwneud y peth iawn.

Ar ôl y weddi, mae'r Tad yn arwain y ddefod olaf. Gwyliaf wrth iddo godi ei gwpan at ei geg, gyda gweddill y grŵp, gan gynnwys Jacob a finnau, yn gwneud yn debyg, ac o fewn hanner munud mae'r dilynwyr yn dechrau difa, yn dechrau cwympo. Barac yw'r cyntaf i fynd, ei lygaid yn rholio yn ei benglog a'i enaid yn gadael ei gorff. Nid yw'n gwneud unrhyw sŵn. O 'nghwmpas, mae'r byd yn dod i ben mewn tawelwch tangnefeddus wrth i ddilynwyr y Tad gwympo fel dominos dynol, ac ymhen dim, yr unig rai sydd ar ôl ar dir y byw yw Jacob, fi a'r Tad, er bod yr hen ddyn mewn cyflwr llawer gwaeth na ni'n dau.

Codaf ac anelu i gyfeiriad yr arweinydd, gan gamu dros gyrff sy'n dirdynnu'n dawel ar lawr, wrth i'w calonnau arafu a'u systemau nerfol fethu. Edrychaf ar gragen yr hen ŵr, hanner gwag. Â Jacob wrth fy ochr, mae'r Tad yn edrych arnom â golwg gwbl ddryslyd ar ei wyneb. Mae poer yn dyfrio o gornel ei geg a'i lygaid yn llawn cwestiynau. Mae'n codi ei law ac yn ymbilio arnom i'w helpu, ond mae'n rhy hwyr i wneud hynny nawr. Mae'r gwenwyn yn rhuthro trwy ei wythiennau a bydd e'n marw o fewn munudau. Dwi'n mawr obeithio ei fod yn dioddef.

Trof at Jacob a'i weld yn rhedeg i gyfeiriad y twneli. Ystyriaf ei ddilyn ond mae sŵn grwnial o gyfeiriad un o'r grŵp yn dal fy sylw. Camaf at Olwen a'i chysuro wrth iddi groesi i'r ochr arall. Gobeithiaf, er ei mwyn hi, bod yna nefoedd, bod yna nirfana. Mae ei chorff yn llonyddu felly trof fy sylw yn ôl at y Tad, sydd bellach yn gwingo ar lawr, ei lygaid gwaetgoch yn pefrio a'i anadliadau yn llafurus ac yn llawn llwch. Hanner dos. Dwbl yr ymwybyddiaeth.

Roeddwn wedi paratoi rhyw fath o araith yn fy mhen i'w thraddodi wrth y Tad ar yr union eiliad hon. Parabl yn ei ddilorni a'i ddiawlo, yn tynnu sylw at ei holl bechodau, er mwyn gwneud iddo sylwi, ar yr eiliad olaf, mai am i lawr fyddai'r grisiau'n anelu yn ei achos ef. Ond sa i'n cael cyfle i yngan gair, gan fod Jacob yn ailymddangos wrth fy ochr â chyllell finiog ddefodol yn ei law. Gwyliaf fy mrawd yn cyrcydio wrth ochr y Tad ac yn codi ei urddwisg i ddatgelu pâr o goesau tenau, sydd mor welw â'r lleuad fry.

"Beth ti'n neud?" gofynnaf yn syn.

"Fi'n mynd i sbaddu fe."

Er gwaethaf y casineb rwy'n ei deimlo tuag at yr hen ddyn, mae amcan fy mrawd yn fy ffieiddio.

"Paid!" ebychaf, ond nid oes atal arno nawr. Trof fy nghefn ar yr eithafiaeth, ond diolch byth, erbyn i Jacob ryddhau dyndod y Tad o grombil ei urddwisg, mae corff yr arweinydd yn ddisymud ac unrhyw fywyd oedd ar ôl wedi darfod.

"Bastard!" Poerodd Jacob, y siom yn hollol ddidwyll, ysgwydd wrth ysgwydd â chasineb diamod.

Cysgwn ym mreichiau ein gilydd y noson honno, yn nhawelwch absoliwt y twneli. Does neb yn chwyrnu, rhochian na rhechen heno.

Breuddwydiaf am Ysgol Jacob ar furlun mawr y clafdy. Gwelaf y Tad yn ei hesgyn ac yn cael ei atal rhag myned i Baradwys o ganlyniad i'w bechodau di-rif. Gwelaf bymtheg wyneb cyfarwydd yn camu heibio iddo, gan adael yr hen ddyn yn gegagored wrth y Pyrth Perlog, yn dadlau gyda Sant Pedr wrth i weision yr isfyd gau amdano er mwyn ei dywys i'w lety tragwyddol.

Dihunaf y bore canlynol ond sa i'n barod i wynebu'r byd ar ei newydd wedd eto. Mae euogrwydd yn gydymaith parhaus bellach, a'r cyrff sy'n aros amdanom y tu allan i'r twneli yw tarddle'r emosiwn hwn. Yn hytrach na brysio i adael, rwyf i a Jacob yn treulio'r bore yn casglu pac a rhoi trefn ar ein teimladau.

Dillad.

Dŵr.

Blancedi.

Cyllyll.

Rhwymynnau.

Cwpwl o lyfrau.

Yna, coginiwn y reis sydd dros ben a'i fwyta, ynghyd â llond bowlen o drychfilod bob un.

"Ti'n barod?" gofynnaf i'm hefaill.

"Ydw," yw ei ateb, ac ar ôl rhyddhau gweddill y pryfed o'u caethiwed, ry'n ni'n codi gwarfag bob un ar ein cefnau ac yn gadael y twneli am y tro olaf.

Mae'r awyr yn las tu fas, ond sdim arwydd o'r gomed uwch ein pennau. Oes arwyddocâd i hynny? diwethaf, er nad ydw i'n yngan y geiriau wrth fy mrawd.

Stopiaf yn stond wrth weld yr hyn sy'n aros amdanom yng nghwrtil y plas. Clywaf fy mrawd yn diawlo; pryder cyntefig yn plethu â'r rhegfeydd. Mae cyrff y dilynwyr yn fôr o fywyd. Bywyd gwyllt, hynny yw. Ar y cyrion, mae tri cadno clafrog a chwe aderyn ysglyfaethus, gan gynnwys dau fwltur penfoel anferth yn eu plith, yn ceisio cipio talpiau o gnawd o grafangau'r ddwy gath fawr sy'n ganolbwynt i'r loddest. Ry'n ni'n gwylio'r gwaed yn tasgu â'n cegau yn llydan agored. Mae fy nghalon yn fy ngwddf, a'r ofn yn bur. Yn anifeilaidd. Sa i erioed wedi gweld creaduriaid mor fawr, mor fygythiol. Mae'r grymial cathaidd dwfn a'r sŵn rhwygo cyntefig yn ein rhewi i'r fan a'r lle. Yr unig opsiwn yw dychwelyd i'r twneli ac aros i'r bwystfilod lenwi'u bolie a gadael. Ond, cyn cymryd un cam, mae'r gath frown gyhyrog, sydd o leiaf deirgwaith yn fwy na'r llwynogod, yn codi ei threm o ganol y wledd ac yn syllu i'n cyfeiriad. Yn reddfol, mae'r llall yn gwneud yn debyg, yn stopio rheibio'r cyrff ac yn dechrau stelcian i'n cyfeiriad. Mae hynny, wrth gwrs, yn gwneud i weddill yr anifeiliaid droi, ac mewn amrantiad, rwy'n gwybod bod y byd ar ben. Gwyliaf, wrth i'r gath fwyaf gyrcydio, yn barod i lamu amdanom, ond ar yr eiliad olaf, clywaf ruthr yn rhwygo'r aer a saeth yn chwalu penglog y gath, sy'n pery i'r gwaed dasgu a'i chorff gwympo i'r llawr yn llipa. Mae hynny'n ddigon i wneud i weddill y creaduriaid ffoi mewn ffrwydriad o aflafarwch; yr adar i'r awyr, a'r mamaliaid i ddiogelwch y llystyfiant trwchus.

Mae'r byd fel petai'n peidio troi am eiliad wrth i fi a Jacob ailafael yn ein hanadliadau. Ar ôl i guriadau fy nghalon dawelu drachefn, gwelaf gwmwl o glêr yn ymddangos dros y pentwr o gyrff; eu suo'n fyddarol yn y llonyddwch a'r llwch. Ni allaf edrych arnynt, a theimlaf yr euogrwydd yn corddi yn fy mogel, gan ddod yn agos at fy llethu a'm llorio yn y fan a'r lle. Ond, cyn i'r edifeirwch fy mharlysu, rwy'n ailafael yn fy emosiynau ac yn troi at fy mrawd, sy'n sefyll wrth fy ochr gyda'i fynegfys yn pwyntio tua'r plasty. Dilynaf ei drem a gweld y ferch yn ein gwylio, plu ei phenwisg yn disgleirio yng ngolau'r haul. Mae ein llygaid yn cwrdd a fy nghalon bron yn peidio curo. Sefwn yno am eiliadau sy'n teimlo fel oriau; suo'r pryfed yn llenwi ein clustiau, ac aroglau pydredig y cyrff yn ymosod ar ein ffroenau. Yna, mae'n ystumio â'i phen i ni ei dilyn, cyn troi ei chefn a'n harwain at dwll yn y ffens derfyn. Gwyliwn hi'n camu trwy'r bwlch ac yna aros i ni agosáu. Yn betrusgar, gan gadw un llygad dros ein hysgwyddau, rhag ofn, camwn at y porth i fyd arall ac ymuno â hi ar yr ochr draw. Mae hynny'n gwneud iddi wenu.

"Dilynwch fi," mae'r ferch yn mynnu, cyn troi a cherdded i ffwrdd, i mewn i'r coed.

Rwy'n gafael yn llaw Jacob ac yn arwain y ffordd, fy llygaid yn llydan agored, ac iaith y nefoedd yn atseinio rhwng fy nghlustiau. Nid oes modd gwybod beth fydd diben ein dyfodol, ond wrth gefnu ar y plasty, yn dilyn ôl traed ein tywysydd, mae pob cam yn llawn addewidion a phob anadliad yn blasu o ryddid a gwaredigaeth lwyr.

DIOLCHIADAU

Lisa, Elian, Syfi ac Oz

Pops

Russ, Liz, Alaw a Daniel Jac

Al Te

Yr Ods

Tomos Winfield a Carys Huws

Meleri Wyn James, fy ngolygydd gwych

Robat Trefor

Lefi a phawb arall yn y Lolfa

AM YR AWDUR

Brodor o Gaerdydd yw Llwyd Owen.
Mae'n dal i fyw yn y brifddinas, gyda'i wraig Lisa
a'u merched, Elian a Syfi. Pan nad yw'n ysgrifennu
nofelau, mae Llwyd yn gweithio fel cyfieithydd.
Gwefan: www.llwydowen.blogspot.com
Twitter: @Llwyd_Owen
Podlediad: www.ddgcar.blogspot.com

NOFELAU ERAILL GAN YR UN AWDUR